発刊にあたって

開発途上国の社会や経済の発展のために、各国の政府や国際機関、ＮＧＯ，民間企業など様々な団体や組織が経済協力を行っています。そのうち、政府が行う資金や技術の協力を政府開発援助（ＯＤＡ）といいます。

ＯＤＡは二国間援助と多国間援助に分けられますが、日本の二国間援助は「技術協力」「無償資金協力」「有償資金協力」の３つの手法と、ボランティア派遣など「その他」の方法で実施されます。その中で、「無償資金協力」は開発途上国に資金を贈与し、社会や経済の開発のために必要な施設の整備や機材の調達を支援する形態の援助です。返済義務のない資金協力であるため、所得水準の低い国を中心に実施されます。

この冊子は、月刊『国際開発ジャーナル』誌の「プロジェクト・フォーカス」のコーナーに掲載されたＯＤＡプロジェクトの紹介記事の中から、無償資金協力に関する部分を抜き出して一冊に収録したものです。もともとこのコーナーは、簡潔でわかりやすいＯＤＡプロジェクトの紹介を、という読者の要望に応え、画像を中心に1頁または2頁で1プロジェクトを紹介するという趣旨で1990年頃にはじまったカラーグラビアのページです。1967年に創刊された同誌で長く続いている企画です。

独立行政法人国際協力機構（ＪＩＣＡ）が無償資金協力の本体を実施するようになった2008年度から今年度が10年目に当たることから、この間に贈与契約（G／A）の署名がなされた全案件を巻末に付してあります。この冊子のカラーグラビアで紹介されている案件も全てこの間のものです。

最近では、「プロジェクト・フォーカス」の内容が当社のオンラインメディアやＪＩＣＡをはじめとする関係各社のホームページなどにも転載されて、ＯＤＡプロジェクトの広報という面ではますます多角的に活用されるようになっています。「プロジェクト・フォーカス」の作成に当たっては、これまでも開発コンサルタントをはじめ、建設企業、商社、メーカーなど無償資金協力の事業実施に携わる方々には、情報や画像の提供などさまざまなご協力を頂き、感謝申し上げます。今後も皆様とともに、ＯＤＡ事業のわかりやすい広報や情報公開の一端を担って行きたいと思います。

2019年３月

国際開発ジャーナル社

目　次

アジア

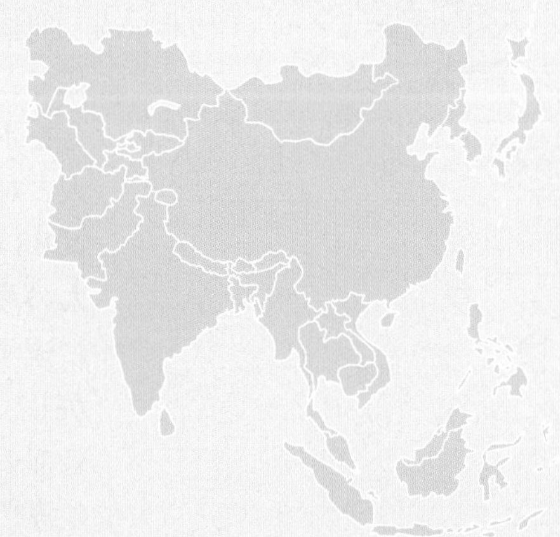

AFGHANISTAN

感染症患者の隔離治療が可能に

感染症対策の先導役に

アフガニスタンは、20年以上続いた内戦により経済社会インフラが壊滅的な打撃を受け、多くの国民が貧困ライン以下の生活を余儀なくされている。

同国の死亡要因の１位は感染症で、中でも結核が最も大きな割合を占める。患者数は人口10万人に対して131人（世界保健機関2008年報告書）とされ、年６万人の患者が発生。死者も２万人に達すると推定されている。しかし、同国には重症の呼吸器感染症の患者を隔離治療するための専門施設がない。1970年代に日本の無償資金協力によって建設された首都カブール・ダルラマン地区にある国立結核研究所・結核センターも外来患者のみ対応し、入院施設を有していない。重篤な呼吸器感染症の適切な診断・治療の要となる検査施設にも十分な設備・機材が設置されていない状況だ。

このため、アフガニスタン政府は08年６月、日本政府に対し、「三大感染症」である結核、マラリア、HIV／エイズを対象とした呼吸器感染症患者への集中、隔離治療が可能な感染症病院の

両国の関係者が会して行われた起工式

施工にあたって安全対策を徹底

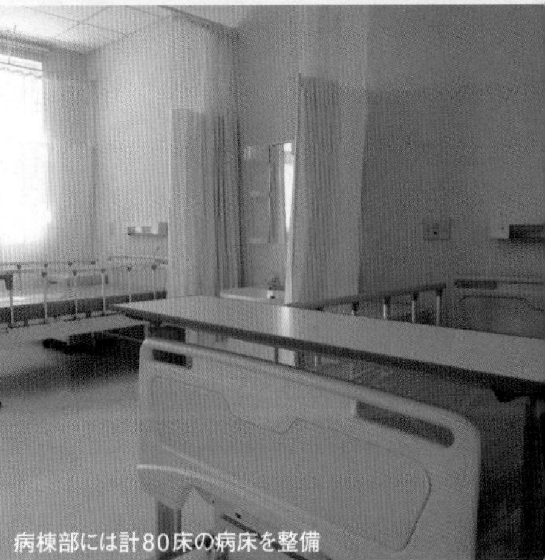
病棟部には計80床の病床を整備

アフガニスタン
感染症病院建設計画
実施期間：2012年3月～13年8月

コンサルティング：(株)オリエンタルコンサルタンツ*
(株)フジタプランニング
施設建設：大日本土木(株)　佐藤工業(株)

新設と機材調達を要請。これを受けて実施されたのがこのプロジェクトだ。

12年3月に着工し、1年6カ月の工事を経て翌13年8月末に完成。大日本土木（株）工事部建築グループの佐藤実男工事所長は「治安面や資材調達などの苦労もあったが、安全面に十分配慮したこともあり、工期通りに完成できた」と話す。

現地の施工業者向けに安全研修を行ったり、優秀な作業員を表彰したりするなど安全対策を徹底し、作業員の意識向上に努めた。

（株）オリエンタルコンサルタンツGC事業本部*建築開発部の江連晃尉プロジェクト部長も「日本の10年に渡るさまざまな支援を通じて、本邦技術者からサブコンである現地建設業者への技術移転が進んでいることを実感した」と語る。

施設は病棟部、外来部、中央診療部、管理部、サービス部、共用部の6つのブロックで構成され、延べ床面積は5,327.4平方メートル。病棟部は計80の病床数を有する。

今後は日本のほか、世界保健機関（WHO）、世界エイズ・結核・マラリア対策基金などによる対策支援との連携・協調を通じて、同国の医療施設の“先導役”としての貢献が期待される。

＊は現(株)オリエンタルコンサルタンツグローバル

病棟部には計80床の病床を整備

バーチャルスタジオでの収録風景

照明設備のトレーニング風景

教材制作スタジオ（バーチャルスタジオ）の副調整室設備

200万人が学ぶ放送大学の機材を更新

インド
インディラ・ガンディー国立放送大学
視聴覚教材制作センター機材整備計画

コンサルティング：（株）NHKアイテック

インドにおける高等教育の就学率は11%（2005年）で、世界平均の23.2%を大きく下回っている。こうした状況を早期に改善するためには公開遠隔教育の活用が有効であり、インドではインディラ・ガンディー国立放送大学（IGNOU）がその中核的な役割を担っている。同大学には現在、国全体の大学生の約15%に相当する約200万人が在学している。

このIGNOUで使用される視聴覚教材は、主に視聴覚教材制作センター（EMPC）が制作してきた。EMPCはもともと1993年に日本の援助で建設され、機材も供与された。最近では新たに4系統の衛星テレビ放送やFMラジオ放送などの業務もEMPCが手掛けているが、整備から20年の間に機材の老朽化・陳腐化が進み、数年以内には映像教材が制作できなくなることが懸念されていた。

今回の協力では、録画メディアのハイビジョン化を図ると共に、バーチャルスタジオシステムと映像共有ネットワークを導入し、EMPCが期待に応えてその役割を遂行するために必要なさまざまな機材が整備された。具体的には、映像教材制作スタジオシステムや屋外取材システム、ビデオサーバシステム、コンピューターグラフィックシステムなどが設置された。

この結果、IGNOUの講座で使用される年間200本分の映像教材を継続して制作できる体制が整い、同大学の学生200万人に高等教育の機会が支障なく提供されることになった。

EMPC全景

2014年5月号掲載

BR-27 Lamar橋 完成

橋梁下部工の鋼管杭(Φ800)の打設状況

鋼製桁の架設状況

BR-27 Lamar橋 着工前(上参照)

BR-35 Kalbir橋 着工前(右参照)

BR-35 Kalbir橋 完成

工事期間中のJICA職員による安全セミナー（作業所にて）

開発の余地が高い地域の橋梁を整備

インドネシア
第三次西ヌサトゥンガラ州橋梁建設計画

コンサルティング：(株)片平エンジニアリング・インターナショナル
施設建設：(株)竹中土木

インドネシアの西ヌサトゥンガラ州は、ロンボク島とスンバワ島から成る。同国の中では経済発展が遅れた地域といわれ、貧困率が全国平均を大きく上回っている。特に、東側に位置するスンバワ島の南部は開発の余地が高く、2000年代半ば以降、同国政府によってロンボク島やバリ島からの移住政策が進められた。

先立つ02年には、スンバワ島南部を東西に縦断する南リング道路が完成した。しかし、雨季に川が増水した際、多数の仮設橋が流出して寸断されており、地域の発展を妨げる一因となっている。インドネシア政府と西ヌサトゥンガラ州政府が取り組む南リング道路の修復を支援するため、日本側は計12箇所の橋の建設・整備を第一次、第二次の無償資金協力で実施してきたが、第三次事業として護岸工など防護施設を含め、新たに10箇所の橋梁を建設することになった。

その際、コストを抑える配慮がいくつも取られている。例えば、すべての建設資機材をインドネシア国内で調達し、建設方式は資材の入手が容易で経済的に建設でき、維持管理のコストを減らすため、橋梁は支承のない簡易な構造の「橋台一体型橋梁」を採用。海岸に近い橋梁はコンクリートの鉄筋かぶりを大きくするなど、塩害に対する耐久性も高めた。

本事業は17年1月に完工し、南リング道路の全区間が開通した。道路沿線の約12万人に裨益効果が及ぶと見られており、住民の移動、物資の輸送が効率的になるため経済活動が活発になり、入植者の定住も進むとの期待が高い。それまで手付かずだった現地の農業、鉱業、観光業なども、今後の発展が見込まれる。

新規作成

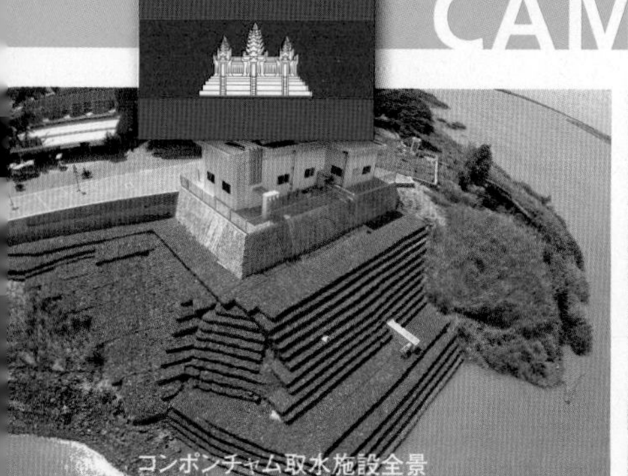
コンポンチャム取水施設全景

コンポンチャム配水ポンプ場

コンポンチャム管理棟

コンポンチャム浄水場全景

「プノンペンの奇跡」を地方都市にも

浄水場を拡張し安全な水を安定供給

上水道施設整備で給水率90%に

カンボジアでは、1991年に内戦が終結して以降、日本などのドナーによって、首都プノンペン市の上水道施設の整備や施設の運営・維持管理のための人材育成といった多くの支援が行われてきた。これらの支援により、同市では24時間給水が可能となり、2010年には給水率90%、無収水率6%を達成した。

こうした劇的な変化を見せた同市の水道改革は、「プノンペンの奇跡」と呼ばれている。その一方で、首都以外の地方都市を見ると、給水能力は依然として低く、安全な水が供給できていない。

そこで同国政府は2003年、「水供給および衛生に関する基本方針」で、人々が安全な水の供給を受け、安心で衛生的かつ環境に適応した生活を享受するための方針を発表した。さらに、06年に策定した「国家戦略開発計画」(NSDP) でも、15年までに都市人口の8割が安全な水にアクセスできるようにすることを目標に掲げ、水道セクターの整備などに取り組んできた。

地方給水分野では、同国第3の地方都市であるコンポンチャム市と第1の地方都市であるバッタンバン市で、アジア開発銀行(ADB) が支援して2006年に水道施設を拡充した。国際協力機構(JICA)も、07～12年にわたり、先の二つの都市を含む8つの地方都市の水道局職員の能力向上を目的とした技術協力プロジェクト「水道事業人材育成プロジェクト・フェーズ2」を実施した。

このように、ハード・ソフト両面から給水能力の向上を図ってきたが、コンポンチャム市とバッタンバン市の給水率は2011年時点においてもそれぞれ33%、31%にとどまった。

2018年11月号掲載

バッタンバン管理棟

竣工式に列席した隈丸優次駐カンボジア特命全権大使（当時）とフン・セン首相

バッタンバン取水施設全景

バッタンバン浄水場

カンボジア
コンポンチャム及びバッタンバン上水道拡張計画

コンサルティング：（株）日水コン、北九州市上下水道局、（株）建設技研インターナショナル
施設建設：（株）クボタ工建

貧困層への給水にも配慮

給水率をさらに高めるには、地方都市でも上水道施設の改善が急務だった。このためカンボジア政府は2010年、日本政府に対して今回の無償資金協力「コンポンチャム及びバッタンバン上水道拡張計画」につながる支援要請を行った。これは、両市の上水道施設の拡張を通じ、2019年までに両市の給水率を84.8％に向上させることを目的としている。

本プロジェクトによる浄水場や取水施設（取水ポンプ）、導水管、送水管、配水管網などの施設整備は、2016年に完工し、同年7月21日に竣工式が開かれた。これにより、コンポンチャム市の浄水場は1万1,500㎥／日、またバッタンバン市の浄水場は2万2,000㎥／日と、給水量が大幅に拡大した。

事業を進めるにあたっては、貧困世帯向けの給水管や水道メーターなどの給水装置も本プロジェクトの対象に含めるなど、全ての住民に水を届けられるよう配慮された。また、給水量の拡大に伴い必要性が増す維持管理費用についても、現地の政府高官や住民に説明し、実施機関である公営水道局による水道料金の改定も促した。その結果、公営水道局の経営状況は安定しつつある。

上水道施設の拡張により、乾期に地下水位や河川水位が大きく低下しても、安定して地域住民に給水することが可能となった。こうした給水率の向上は、水因性疾患数の減少など、公衆衛生環境の改善にもつながっている。

さらに、地域住民にとっては、生活用水を確保するための労力も大幅に削減されることになった。これにより、女性の雇用が促進され、子どもの就学率が向上することが期待されている。

自立式タワークレーンによる石材の運搬

整備機材のひとつ、クローラークレーン

修復作業を行っている
アプサラ機構・上智大学合同チーム

修復前の西参道(2013年8月の調査時)

観光客の安全を確保し遺跡価値を高める

カンボジア
アンコール・ワット西参道修復機材整備計画

コンサルティング：インテムコンサルティング(株)
機材調達：三菱商事(株)

カンボジアを代表する仏教遺跡であるアンコール・ワットは、世界遺産にも登録されており、年間100万人以上の外国人観光客が訪れる。その表玄関にあたる西参道は破損が激しく、崩落の危険も高かったため、1999～2007年、アンコール地域遺跡保護管理機構（アプサラ機構）が上智大学の支援の下、一部の修復を行った。12年、アンコール遺跡救済国際調整委員会（ICC）はアプサラ機構に対し、未修復である西参道北側の左半分について、必要な対策を取るよう勧告。これを受けて、アプサラ機構は日本に参道修復のための機材供与を要請した。

13年12月、日本政府はカンボジアと無償資金協力の交換公文を締結し、事前調査を踏まえて自立式クレーン、小型クローラー（履帯）クレーン、発電機、石材工具セットなど計11点の機材を供与することになった。15年12月に引き渡しが行われ、機材の運用指導も翌16年４月に完了した。

クレーンの活用は効率的な作業に欠かせないが、参道は多くの観光客が利用していることもあり、トラッククレーンを走らせることは難しい。このため、石材置き場にホイールクレーン、西参道入り口近くに自立式クレーンを建て、参道の周りに小型クローラークレーンを配置して、バケツリレーの要領で資材を運搬する方法を取った。

上智大学も、クラウドファンディングで資材購入費、現場作業員の人件費などを確保するなど、参道修復事業を支援している。これらの支援によって、観光客の安全が確保されるとともに、観光資源としてのアンコール・ワットの価値がさらに高まることが期待されている。

2019年2月号掲載

完成した新橋全景

開通式のテープカット：2015年7月
（左から州知事、小池大使、アタンバエフ大統領、大山JICA所長、運輸通信大臣）

損傷が著しかった旧橋

橋桁の工事状況

アジアハイウェイの橋梁を架け替える

キルギス
ビシュケク～オシュ道路クガルト川橋梁架け替え計画

コンサルティング：セントラルコンサルタント（株）
施設建設：岩田地崎建設（株）

中央アジア5カ国の一角を占めるキルギスは、国土の40％が標高3,000mを越える。険しい山地が多いために鉄道網は未発達で、国内の物資の輸送や人々の移動は95％が道路交通に依存している。

現在、同国の道路網は3万4,000kmに及んでいるが、そのほとんどは旧ソ連時代に整備された。しかし、1991年の独立に伴いロシア人技術者が現地に技術を継承しないまま引き揚げたため、これまで適切な維持管理が行われてこなかった。さらには、経済の低迷による資金不足から改修も十分に行われておらず、老朽化が進行している。

本案件では、老朽化した道路・橋梁の中でも改修の緊急性が最も高い「クガルト川橋梁」の架け替えを行った。この橋梁は、老朽化に加え、洪水により橋脚部が激しく損傷していた。だが、橋梁が架かっている道路は、首都ビシュケクと第二の都市オシュを結ぶ同国の最重要幹線の一つ。さらには、ロシアからタジキスタンまでの南北をつなぐアジアハイウェイの一部でもあり、中央アジア地域経済協力（CAREC）の域内国際回廊の役割も担っている。このため、クガルト川橋梁が崩落すれば、同国および域内の南北の交通が遮断されるおそれがあった。

架け替え工事は、2015年9月に竣工した。橋長は89m、総幅員は12.8mあり、この長さの橋梁の設計・施工は同国の技術では困難であったため、日本の技術が採用されている。さらに、本案件では取り付け道路の舗装（計511m）と護岸工事（計1,527㎡）も同時に実施された。これらの工事により幹線道路では安全・円滑な通行が可能となり、今後は沿線住民の生活の向上や、同国および域内経済の活性化につながることが期待されている。

ハンドガイドローラ運転指導

アスファルトプラント

タイヤローラ

幹線道路の状況
（ビシュケクーオシュ道路）

道路維持管理の効率化を図る

キルギス
オシュ州、ジャララバード州及び
タラス州道路維持管理機材整備計画

コンサルティング：(株)片平エンジニアリング・インターナショナル
機材調達：伊藤忠商事(株)

キルギスは、周囲をカザフスタン、ウズベキスタン、タジキスタン、中国に囲まれた内陸国であり、約３万4,000kmにおよぶ道路網が整備されている。これら道路網は同国における人の移動や物流の約95％を担っており、キルギス国民の生活においてきわめて重要な機能を有している。

道路網の大部分は、旧ソ連時代に建設され、当時はロシア人技術者が道路の維持管理を指導していた。しかし、1991年の独立以降、ロシア人技術者がキルギスから引き揚げたため、技術の継承は途絶えた。さらに、独立後の混乱や経済の低迷を背景に予算も不足していたため、道路の改修は十分に行われてこなかった。そうした中、道路の老朽化は進行しており、現在、年間約200kmの道路が機能を失いつつあると試算されている。道路状況の悪化は生活物資の輸送や周辺国との交易に支障を来たしており、キルギスの経済成長を阻害している。

このため、キルギス政府は現在、日本や他ドナーの協力の下、より効率的・効果的な道路維持管理の実施を目指している。今回の協力では、維持管理に必要な機材が老朽化・不足しているオシュ州、ジャララバード州、タラス州において、道路の補修や災害復旧、除雪・融雪に必要な機材を調達した。

これにより、対象３州の幹線道路ではポットホールと呼ばれる舗装表面が陥没してできた穴を補修した面積が約1.5倍、オーバーレイ施工距離が４倍に拡大した。今後は、冬期の除雪および落石・土砂崩れなどの道路災害への対応能力が向上し、主要幹線道路の円滑かつ安全な交通が確保されることが期待される。

（(株）片平エンジニアリング・インターナショナル　業務主任　小林聖仁）

トビリシ国際空港ターミナルビル前に設置された系統連系型太陽光発電システムは、既存の配電網に系統連系され、太陽光によって発電された電力を空港ターミナルビルに供給

太陽光パネルは架構体の上に設置され、下部スペースは駐車場として利用

イリア国立大学に設置された系統連系型太陽光発電システム。教育教材としても利用される予定

太陽光の恵みを生かし温室効果ガスを削減

ジョージア
太陽光を活用したクリーンエネルギー導入計画

コンサルティング：(株)オリエンタルコンサルタンツグローバル

ジョージアは、気候変動対策推進にかかる国際的なコミットメントに加え、火力発電の燃料のほぼ全てを国外からの輸入に頼っている。このため、エネルギーセクターの改革はエネルギー政策および安全保障上重要な課題である。また、生態系の破壊、気象災害に伴う物的・人的・社会的被害の増加などの懸念から、気候変動への対策を政策の最優先課題の一つに位置づけている。

このような状況の中、「気候変動に適応したアクション・プラン(NAPA)」を2009年に策定し、①気候変動緩和策の推進、②CDMスキームの活用、③気候変動に対する民意の向上、の方針を掲げた。特に、エネルギーでは、再生可能エネルギー（水力、風力、太陽光、地熱、バイオマス）の活用促進を目指している。

一方、日本政府は08年1月のダボス会議において温室効果ガスの排出削減と経済成長を両立させ、気候安定化への貢献を目指す支援の一つとして「クールアース・パートナーシップ」を発表。省エネルギーなどの開発途上国の排出削減への取り組みに積極的に協力するとともに、気候変動により深刻な被害を受ける開発途上国に対して支援することを決定した。

そこでジョージアは、日本政府に対して系統連系型太陽光発電システムの資機材調達と、運営管理のための技術支援（ソフトコンポーネント）を目的とする環境プログラム無償を要請。2010年6月に交換公文(E/N)が締結され、系統連系型太陽光発電システムが、対象サイトであるトビリシ国際空港（発電容量：316kW、CO2削減量187t/年）と、イリア国立大学（発電容量：34kW、CO2削減量16.6t/年）に設置された。太陽光の恵みを生かした温室効果ガスの削減が期待される。

計器着陸装置(ILS)のアンテナ

敷地北西からの国際貨物ターミナル全景

滑走路への誘導灯

入り口ゲートから見た施設全景

大型X線検査装置

中央アジアの物流円滑化を

貨物取り扱い施設の近代化と航空保安機材を整備

ドゥシャンベ国際空港はタジキスタン共和国の首都ドゥシャンベから約6km南東に位置し、1964年に建設された首都の国際空港だ。2009～13年にかけて年間旅客数が年率15～18%で増加し、航空貨物も同様に増加傾向にある。同国は、キルギス、ウズベキスタン、アフガニスタン、中国と隣接していることから、その地の利を生かし、この空港は地域間貿易やその拠点としての役割が期待されている。

しかし、既存の貨物ターミナルビルはバラ荷を取り扱うことしか想定されておらず、設置されていた機材は貨物用X線検査装置が1台と重量計のみ。高床式の荷捌場のため大型の航空機用コンテナを中心とする近代的な航空貨物の取り扱いに対応できない設計となっていた。その上、築50年を経て老朽化し、かつ狭隘であったため、航空貨物取り扱い量は制限され、その結果、陸路などでの輸送を強いられ、輸出入のコストが増大し、同国経済のボトルネックとなっていた。

航空保安機材については、同空港に航空機を誘導する計器着陸装置が滑走路の一方向だけに設置されていたため、頻発する濃霧で欠航や遅延が発生し、空港の安全と信頼性が十分に確保できない状況となっていた。

タジキスタン政府は、開発戦略である「生活改善戦略」(2013-2015年)において、空港整備を通じて2015年までに全貨物量に対する航空貨物の割合を引き上げる目標を掲げていた。2025年までの「運輸セクター開発戦略」においても、航空セクターを含む運輸セクターの開発が経済発展に寄与するとして空港施設や航空管制システムなどの整備を目標の一つに掲げている。

これを受けて、この無償資金

2018年10月号掲載

竣工式典でスピーチを行なう北岡伸一JICA理事長

国際貨物ターミナルビルのエアーサイド側

冷凍冷蔵庫の出入り口

貨物上屋内観（竣工式）

供与された機材の一部

タジキスタン
ドゥシャンベ国際空港整備計画

コンサルティング：日本工営（株）、（株）日本空港コンサルタンツ、（株）大建設計
施設建設：大日本土木（株）　機材調達：（株）アドバリュー

協力プロジェクトは、同空港の貨物取り扱い施設の近代化と航空保安施設の整備を実施することにより、航空貨物の取り扱い能力向上と航空機運航の安全と信頼性を高めることで、空港を活性化し、タジキスタン経済の発展に寄与することを目的にしている。

この計画の主な内容は以下の通りだ。

1．国際貨物ターミナルの建設
鉄骨造一部、鉄筋コンクリート造、地上2階、床面積3,713.8㎡、計画貨物取り扱い能力11,717トン／年（2018年6月19日竣工）

2．航空保安機材（ILS施設一式）
機材調達および据付工事（2017年3月30日引渡し）

3．貨物ターミナル機材
大型X線検査装置、電動トラクター、コンテナドーリー車等の機材調達（2017年3月30日引渡し）

4．貨物ターミナル運営にかかるソフトコンポーネント（2018年7月16日完了）

コンサルティングは日本工営（株）、（株）日本空港コンサルタンツ、（株）大建設計JVにより実施され、国際貨物ターミナルの設計と施工監理は日本工営と大建設計が、航空保安機材の設計と据付監理および貨物ターミナル機材の設計は日本空港コンサルタンツと日本工営があたった。ソフトコンポーネントについては、日本工営のもと国際空港上屋（株）から2名の専門家の派遣によって実施された。

国際貨物ターミナルの施工は大日本土木（株）が、航空保安機材、貨物ターミナル機材の調達および据付工事は（株）アドバリューが請け負った。

2018年6月25日、北岡伸一国際協力機構（JICA）理事長の臨席のもと、国際貨物ターミナルの竣工式典が挙行された

マンムナイ橋の全景［マンムナイ橋:橋長210m　幅員9.8m、片側1車線5径間PC桁橋］

完成した橋梁の橋面

完工式で笑顔を見せるマヒンダ・ラジャパクサ大統領（左）と岡井 朝子日本公使（中）

東と西の気持ちを絆ぐ

スリランカ
マンムナイ橋梁建設計画

コンサルティング：(株)長大
(株)オリエンタルコンサルタンツ　共同企業体
施設建設：若築建設(株)

「ついに絆がった。待ちに待った陸続きの交通路。これで子どもの命が助かる！」

＊

スリランカ東部のバティカロア県は、「バティカロア・ラグーン」と呼ばれる南北50kmの干潟により土地が東西に分断され、医療や教育、経済活動に支障が出ていた。対岸に渡るには渡船場まで行きフェリーに乗る必要があった上、洪水のたびに半月は運行が止まり、交通も不安定だった。

しかし、住民たちはこの不便な状況も「仕方がない」と半ば諦観していたのかもしれない。さらに、タミール族とシンハラ族間の紛争の激戦地となったり、スマトラ大地震による大津波にも見舞われたことから行き来はさらに困難になり、ラグーン西岸側の経済活動は東岸側に遅れを取るばかりだった。

そんな折、マンムナイ橋が開通。４月19日の開通式は、マヒンダ・ラジャパクサ大統領をはじめ、各宗教の指導者ら3,000人の招待者を含め、総勢１万人以上が参列する盛大なものとなった。これまでフェリーで１時間かかっていた向こう岸に、これからはたった１分でいつでも行けることを体感し、住民たちの顔にも喜びが溢れている。

これからは、西岸側の人々も東岸側の教育サービスを享受できるし、いつでも緊急医療にアクセスできる。また、ラグーンの東西を行き来する経済活動も活発になるだろう。人々はこれから、時間が経つほどに、リアルタイムな陸続きのありがたさを一層実感し、かみしめていくことであろう。

未来永劫一つになったバティカロア県。分断されていた人々の絆の再生と、この国の民族の融和を祈ってやまない。

［寄稿］若築建設

ヘアピンカーブとつづら折りが
輻輳（ふくそう）する山脈超え（第2工区）

シンズリ道路全線開通式典（2015年7月3日）
（左より）小川正史在ネパール特命全権大使、
スシル・コイララ首相、
ビマネンドラ・ニディ公共インフラ交通省大臣、
清水勉JICAネパール事務所所長

スンコシ川沿いに急峻な山肌を
縫うように走るシンズリ道路（第3工区）

20年にわたる最大級の無償事業

ネパール
シンズリ道路建設計画

コンサルティング：日本工営（株）
施　工：（株）安藤・間

プロジェクトの背景

ネパールは、ぜい弱な地質と急峻な山岳地という地理的条件が、道路網の建設や維持管理の上で大きな制約となっている。同国の首都カトマンズと南部の肥沃な主要農業生産地帯、あるいは最大の貿易相手国であるインドを結ぶ唯一の主要幹線道路も、雨期のたびに地滑りや土石流が発生し、交通が遮断されてきた。過去に発生した豪雨に伴う土砂災害では、カトマンズ盆地一帯が20日間にわたり孤立を強いられたこともあった。

こうした状況を受け、1960年代に入ると、首都と東部、そして中部地域との連結性を強化し、開発を促進するために、テライ平原を貫く東西ハイウェイ上に位置するバルディバスと、カトマンズから中国国境へ向かうコダリ道路上に位置するドリケルを結ぶ道路を新設することが提唱された。これが、首都圏の第二の生命線となるシンズリ道路である。

これに基づき、ネパール政府は82年、日本から供与された機材を用いてテライ平原の開拓に着手したものの、作業があまりにも困難であったため中断を余儀なくされ、85年、無償資金協力を日本に要請した。これに応える形でフィージビリティー調査が実施され、技術的には建設可能との結論が得られたが、ネパール側の財政上の問題などから実施に至らなかった。

その後、ネパール側から再度の要請を受けて、92年にアフターケア調査が実施された。同調査では、森林伐採や果樹・農作物への配慮、かんがい水路の保全、希少動物の保護など、きめ細やかな環境保全対策が求められる同地域の特性を踏まえて道路防災や環境保護、地形への調和などに最大限配慮。大規模な構造物を抑え、「環境に優しい道路建設」を前面に打ち出した道路整備へと計画が見直され、シンズリ道路建設の第一歩がようやくスタートした。

万里の頂上を連想させる
ガビオン擁壁（第3工区）

ネパールで初めて採用された
ジオテキスタイルを用いた補強土擁壁（第3工区）

困難な条件乗り越えた、日本の技術力を示す山岳道路の集大成

ネパール：シンズリ道路建設計画

自然との戦いを越えて

シンズリ道路の建設工事は、地理的条件を踏まえて4つの工区に分割された。工事は、雨期のたびに発生する斜面崩壊や土石流、洪水との戦いの連続となった。

道路建設のカギを握ったのが、「ガビオン擁壁」と呼ばれる構造物だ。現地の石材を活用でき、運搬路が整備されていない現場でも人力で資材を搬入できることなどが採用の決め手となった。

また、このガビオン擁壁の施工限界を超える壁高の箇所については、ジオテキスタイルを用いた補強土擁壁が採用された。同国初となるこの工法が導入されたことで、急峻な地形でも大規模な構造物に頼らない道路の建設が可能になり、現地の雇用も創出され、地域の活性化に大きく貢献した。

96年、シンズリ道路の南端に位置する第1工区（37km）において、橋梁9カ所と越流型コーズウェイ17カ所の渡河構造物の工事がいよいよ開始された。翌97年には、標高約1,600mに位置するドリケルからシンズリ道路の北端となる急流ロシ川に下る第4工区（50km）の工事もスタート。さまざまな緑化対策工法を取り入れながら植生の回復が図られたため、工事完成から15年が経過した現在もなお、道路構造物を含めた沿線は健全な状態が維持されている。

2000年に着工した第2工区（36km）は2,000～2,500m級のマハバラット山脈を超えなければならず、全51カ所でヘアピンカーブが建設された。区間内の標高差は900mにおよぶ上、つづら折りが続くこの区間では、同一斜面の中で階段状に道路を建設するなど難工事を強いられ、着工から完成まで9年を要した。ここまでの工事は、旧間組と大成建設の共同施工であった。

急峻な斜面は設けたアンカー併用型補強土擁壁により克服（第3工区）

ネパール初のロープワークを駆使した工事（斜面対策工）

日本の秀でた斜面対策技術が結集（斜面対策工）

その後、12年には日本の斜面安定工法を活用した斜面対策工事が実施された。これは、年間降雨量が2,500mmに達するほど雨が多く、土壌の侵食と斜面の崩壊が進行しているこの区間では、日本企業の技術力でなければ対応できないと判断されたためだ。

第３工区（37km）も、スンコシ川沿いの急峻な斜面の裾野から中腹にかけて、崩壊地を回避しながら通る難工事区間であったため、急な崖地部分ではアンカーを併用する補強土擁壁工法が採用された。14年には上流域で地滑りが発生、コダリ道路と河川は閉塞し、1,000万m3の天然ダムが形成されたため、ダムが決壊した場合に複数のキャンプが水没する危険性が生じた。このため昼夜を徹した警戒と避難体制を維持しながら工事が続けられた。

激動の時代の中で

工事はまた、ネパールが王制から民主化へ向かう激動の時代を背景に進んできた。第１工区着工後まもなく、それまでの王制による絶対支配に対し、マオイスト（ネパール共産党毛沢東主義派）は政党政治の復活、地域格差や社会的不平等の是正を求めた人民戦争を開始した。死者１万3,000人に及ぶ激しい武装闘争が10年間続く中、キャンプ前の警察詰所が襲撃されて16人の警察官が死亡、工事中の橋梁の爆破による損傷、マオイストによる強制的ゼネスト（バンダ）や道路封鎖、燃料輸送時の妨害などの事件が続いた。

08年の王制廃止後、連邦民主共和制を目指す流れが本格化したが、30以上の政党、100以上の多民族からなる国家において、和平・民主化プロセスは順調には進まず、政党や住民による工事妨害が途切れることはなかった。

環境に優しい道路は、緑の回復も早い
（第4工区：建設直後）

雄大なヒマラヤ山脈を背景につづら折りを進む
（第2工区）

大崩壊地を避け高低差150mを駆け上がる
（第3工区）

経済活性化から人命救助まで

ネパール：シンズリ道路建設計画

さまざまな裨益効果

ネパール東部の中核を成すシンズリ道路は、15年3月の第3工区完了を持って全線が開通した。これにより、東部テライ地域から首都カトマンズへの距離は340kmから185kmに、移動時間は半分程度に短縮された。道路の建設工事が開始されて以降、順次完成して利用できる道路区間が拡大するにつれ、沿線住民の経済や生活のレベルは顕著に向上してきた。

徒歩による交通手段しかなく自給自足的な生活を強いられていた中部山岳地域は、支線道路の建設も加速し、周辺地域を含めて首都圏を結ぶ物流の拡大による、生産活動の活性化が確認されている。また、人命に関わる緊急医療施設への搬送、教育レベルの向上など基本的な人間生活の改善も著しい。

災害に強い山岳道路

シンズリ道路が完成した翌月の4月、マグニチュード7.8の大地震がネパールを襲い、死者は9,000人を超えた。完成したシンズリ道路も被害を免れることはできず、道路北部直近を震源地とした余震もあり、マハバラット山脈南側の主境界断層に近接した盛土部擁壁において軽微な損傷が発生した。しかしながら、多くの国内道路が斜面崩壊により不通となる中、シンズリ道路は通行止めにはならず、地震直後から首都カトマンズと東部・南部を結ぶ物資の輸送ルート、その後は避難民の退避ルートとして貢献した。無償資金協力ならではの、日本企業が設計・施工したことによる安全性と信頼性が立証される結果となった。（寄稿：日本工営(株)）

山の上にある天空の浄水場

浄水場の向こうに市街地が見える

山の斜面での敷設工事

渓谷を渡る導水管

引き渡し式で施主より感謝状を手渡される猪俣大使（左）

安全な水を供給する天空の浄水場

**パキスタン
アボタバード市上水道整備計画**

**コンサルティング：（株）日水コン／日本テクノ（株）
施設建設：飛島建設（株）／大日本土木（株）**

パキスタン政府は給水事情の改善を国家的な政策目標にしているが、全国平均に比べて給水率が悪いハイバル・パフトゥンハー州（旧北西辺境州）はこの政策の重要な対象地域であった。特に、長年地下水に頼ってきた同州のアボタバード市の水供給システムは、急激な人口増加や市域拡大、地下水の揚水量低下などから改善が急務となっていた。今回の計画では表流水を活用する施設が建設され、同時に既存の井戸も改修された。

本プロジェクトの特徴は、山に囲まれたアボタバードの地勢を生かし、電力を使わない自然流下方式による水供給のシステムを実現したところにある。周囲の山間部に取水施設を設け、導水管～浄水場～送水管～配水池を、標高差を考慮して建設している。標高は、４カ所の取水施設がいずれも1,400m以上、浄水場に関しては1,357m、６カ所ある配水池が1,310m～1,240mである。また、導水管は約20km、送水管は約25kmを敷設した。高低差を利用した施設の建設は険しい山岳部での、またアクセスが困難な場所での工事が多くなる。機械を用いることができず、人力やロバなどに頼ることも多かったという。

去る10月15日、日本およびパキスタンの要人が列席して本プロジェクトで建設された施設の引き渡し式が行われた。竣工から２年を経て、施設の維持管理を指導するソフトコンポーネントも終了し、現在では当初予定された給水量を達成している。これによって対象地域における給水率は、この計画が開始される以前の57%から92%まで向上させることが可能となる。これは国家飲料水計画を十分に満足させる数値である。

配管工事

水源となる井戸の掘削

引き渡し式（倉井特命全権大使とシャリフ州首相）2018年1月

節電と水量確保を両立させる新たなポンプ

ポンプ室の外観

節電ポンプで上水道を効率化

パキスタン
ラホール給水設備エネルギー効率化計画

コンサルタント：（株）NJSコンサルタンツ
施設建設：飛鳥建設（株）

ラホールは1,000万人以上が住む、パキスタン第二の大都市。農村からの人口流入などで急速に人口が増加する中、生活を支える根幹インフラの一つである上下水道の整備が追いついていない。

ラホール市では、深井戸からポンプで汲み上げた水を上水道に供給しており、その動力は電気だ。近年、都市部では一日当たり10時間程度の停電が発生しており、断水が頻繁に発生し、住民は慢性的な水不足にあえいでいる。また、電気料金の高騰に加えて、停電時に使用する発電機の燃料コストの高騰が、上水道の公共事業に重くのしかかっている。

パキスタンは2009年の「国家飲料水政策」において、25年までに安全な飲料水へのアクセスを100%にする方針を掲げているが、こうした運営コストの増大は深刻で、ラホール市では上下水道料金による収入が運営費の55%しかまかなえていないのが現状だった。

JICAは対パキスタン援助の重点分野の一つに「人間の安全保障の確保と社会基盤の改善」を掲げており、上下水道施設整備などの「衛生・環境改善」も含まれる。本事業では、持続的・安定的な給水サービスの実現に向けて、老朽化した給水設備の更新と合わせて電源の多様化を実施。水源となる105カ所の深井戸でポンプ・モーターを含む設備の新設を行うとともに、エネルギー監査用機材を供与し、その使用方法についても研修を行った。

今回の協力により、2020年には井戸ポンプの電力消費量も3割程度削減される予定だ。機材の更新に伴い、維持管理費の削減も期待されている。水不足が改善されたことでラホール市の住民からも大いに感謝されるプロジェクトとなった。

変電所運転訓練シュミレーターを用いた講義

引渡し式で施設を案内される日パ両国の関係者

保護リレー運転訓練シュミレーターによるトレーニング

引渡し式(2019年2月22日):駐パキスタン進藤雄介公使、電力担当大臣Omar Ayub Khan氏らが列席

電力の品質向上へ向けて運用員を育成

**パキスタン
送変電設備運用・
維持研修所強化計画**

コンサルティング：(株)アジア共同設計コンサルタント、八千代エンジニアリング(株)
施設建設：飛島建設(株)
機材調達：三菱商事(株)、東芝エネルギーシステムズ(株)

パキスタンでは、慢性的な電力不足により全国で大規模な計画停電が余儀なくされており、国民は生活に不便を強いられ、産業の発展も影響を受けている。

国際協力機構（JICA）も「対パキスタンJICA国別分析ペーパー」（2014年３月）において、同国の経済基盤の改善のために「電力拡充整備プログラム」に重点を置くとの方針を掲げ、送配電網拡充のための支援を行ってきた。しかし、設備の増強に伴い、設備を動かす国営送電会社(NTDC)の運用員の人材育成と増員が必要であることが判明した。

電力系統の運用員は、刻々と変化する電力系統の状態を正確に把握した上で、変電設備の操作手順を判断し操作を行わなければならない。特に事故が発生した際、速やかに停電復旧し、停電を拡大させない事は、運用員の熟練度に依るところが大きい。そのため、全体的な運用員の技術力向上と熟練運用員の増員が必要である。

しかしながらNTDCは訓練設備を所有していないため、計画停電などの際に停止した設備を使っての研修に頼らざるを得ない状況となっている。

本計画では同国北東部にあるパンジャブ州ラホール市に送変電訓練用の研修施設１棟を新設し、日本製の訓練シミュレータを導入して、NTDCの運用員が効果的な運用法を習得できるようにする。17年春に工事が始まり、本年2月に訓練センターが開業された。今後は年に120人が研修できる施設で本格的訓練を受ける事により、突発事故から迅速に復旧ができる熟練運用者が増え、停電時間短縮による電力品質の向上が期待される。

施設の全景

倉庫の屋根に設置された太陽光発電設備

納入したフォークリフトとパレットを活用するためにソフトコンポーネントを実施

食糧の安全保障を実現する最新の米貯蔵施設を建設

バングラデシュ
食糧備蓄能力強化計画

コンサルティング：国際航業（株）
施設建設：清水建設（株）

バングラデシュは近年着実な経済発展を見せているが、依然として総人口の約4割、6,000万人に上る人々が貧困のゆえに十分な食糧にアクセスできていない状況にある。同国政府は、このような貧困層を主な対象として、「食糧配給制度」の下で主要穀物である米・小麦の配給を行っている。

しかし、保管施設の規模や設備が十分でないため、多発する自然災害の際などには備蓄食糧が底をつく危機に瀕することもある。この状況を改善するため、同国政府から日本に近代的な米の備蓄倉庫の建設について協力が要請された。

今回のプロジェクトでは、同国における米の流通形態への対応、長期貯蔵に必要となる施設や技術、緊急時の対応力などが考慮された。その結果、建設されたのは空調設備を備えた複層階の立体倉庫である。倉庫棟は延床面積1万1,264㎡、最大容量は約2万5,740トン。実は、空調設備のある穀物倉庫は同国にとって初めての設備である。この施設には、太陽光発電の設備が追加で建設されており、空調に必要な電力も安定して供給できることになった。

また、この備蓄倉庫では穀物を袋詰めにしてパレットを用いて保管する貯蔵形式を採用するため、フォークリフト4台とパレット2万6,000枚も同時に供与された。施設の職員が同国で空調設備のある施設の運営と機材の操作に習熟するため、ソフトコンポーネントも実施されている。

頭首工の取水堰：右岸から

竣工式　2017年1月18日
前列右から、鵜飼彦行JICA事務所所長、
山本栄二日本大使、ルイ・マリア・デ・アラウジョ首相、
エスタニスラウ・ダ・シルバ農業水産大臣

竣工式後、灌漑用水路の供用開始を見守る住民

灌漑用水路ゲート

水利組合事務所棟

施工風景

灌漑施設整備でコメの生産拡大に協力

東ティモール
ブルト灌漑施設改修計画

コンサルティング：NTCインターナショナル(株)
施設建設：(株)安藤・間

東ティモールでは農業が基幹産業であり、就業人口の7割、国内総生産(GDP)の4割(2010年)を占める。しかし、農業の生産性は低く、市場へのアクセスも不十分であるため、国民の大半は貧困ライン以下で生活している。主食の1つであるコメの自給率は65%（12年）しかなく、主要食糧の確保と経済発展の両面から、コメの自給率改善が喫緊の課題だ。

同国政府は11年発表の国家開発計画で、農業セクターの目標として20年までの食糧安全保障の確立を掲げ、灌漑施設の改修やコメの生産性向上を計画。それを支援するために、日本政府は本無償資金協力「ブルト灌漑施設改修計画」を実施した。

協力の対象地は、ラレイア川下流域の有望なコメ作地帯に位置し、同国政府がコメの生産拡大施策として指定する優先灌漑地区780haである。同地区では洪水の度に取水工が崩壊し、土砂堆積で水路は機能を失っていた。そこで､取水施設(コンクリート構造、堰長：200m、堰上げ高：2.3m、土砂吐ゲート：幅2.5m×高2.1m×2門など）と灌漑水路(12.3㎞の幹線水路と支線水路16路線など)、排水路などを整備。河岸護岸工や水利組合集会所の建設、圃場（0.3ha ×2地区)の整備なども行った。

予算の制約から同国では整備されることが稀な支線水路まで施工した点が特徴で、このことは伝統的な集落単位まで水が届くことを意味する。また、土砂流入の対策として取水口敷高を上げる設計を採用。従来の慣習との齟齬に配慮し、実演で効果を示した。本協力により、コメの生産性が飛躍的に拡大するものと期待される。

新規作成

巨大災害からの復興を多様なプロ

1階部分がピロティ形式の小学校校舎

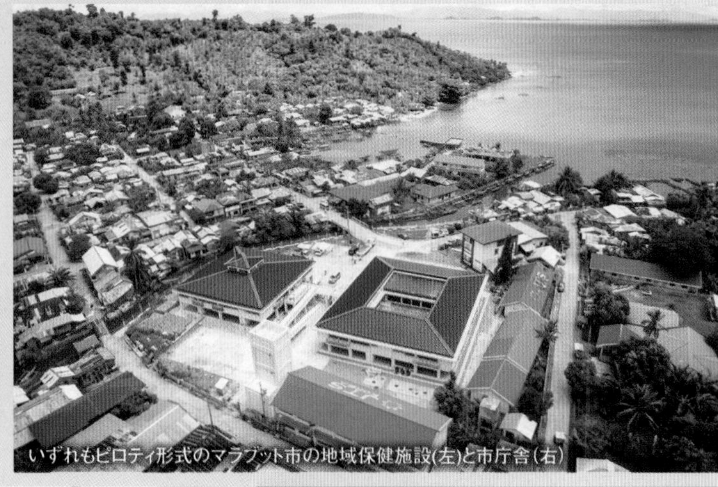
いずれもピロティ形式のマラブット市の地域保健施設(左)と市庁舎(右)

学校行事が行なわれている広い内廊下

マラブット市地域保健施設のナースステーション

災害時に多目的使用が可能なラワアン市庁舎の中庭

サブプロジェクト①

「小学校再建計画、医療器材整備を含む病院再建計画における地域保健施設再建計画」

サブプロジェクト②

「ラワアン市及びマラブット市行政庁舎再建計画」

コンサルティング：(株)建設技研インターナショナル／(株)オリエンタルコンサルタンツグローバル／(株)毛利建築設計事務所 共同企業体
施設建設：TSUCHIYA (株)※サブプロジェクト①／西澤(株)※サブプロジェクト②

2013年11月8日、「100年に一度」の超大型台風ヨランダが、フィリピン中部のビサヤ地方を襲った。死者・行方不明者約8,000人、被災者1,600万人超、被災家屋100万超という、未曾有の自然災害となった。

フィリピン政府からの支援要請に対し、日本政府は被災直後からさまざまなスキームで支援を行ない、同政府が掲げる復興計画のコンセプトである「Build Back Better(BBB)ポリシー」を支えてきた。無償資金協力においては、通常の手続きではなく、迅速な対応を可能とするプログラム無償資金協力の枠組みで実施され、最終的には総額51億円、11のサブプロジェクトに結実した。

これらのプロジェクトは、多くのステークホルダーの要請を調整しながら、資機材が思うように調達できないなどのさまざまな困難を乗り越えて工事が進められた。ここでは3つのサブプロジェクトで建設された施設を紹介する。

サブプロジェクト①

小学校

台風ヨランダの被災地では多くの小学校の校舎が倒壊した。高波が平屋建ての校舎の天井近くまで押し寄せ、亡くなった避難住民もいたことから、海岸沿いの新校舎は1階部分を柱だけにするピロティ形式の構造にした。廊下も広く避難場所として活用できる。災害に強い公共施設のモデルとなるよう設計されている。7つの小学校で48教室を再建した。

ジェクトで支援

フィリピン　台風ヨランダ災害復旧・復興計画

台風ヨランダの被災状況：
壁一枚残っただけの海岸沿いの建物

東ビサヤ地域医療センター外来診療棟：
スロープになった吹き抜けの内観

東ビサヤ地域医療センター外来診療棟　全景

サブプロジェクト③

「医療機材整備を含む病院再建計画における東ビサヤ地域医療センター外来診療棟建設計画」

コンサルティング：(株)パセット／(株)オリエンタルコンサルタンツグローバル／(株)伊藤喜三郎建築研究所 共同企業体
施設建設：三井住友建設(株)※サブプロジェクト③

サブプロジェクト①

地域保健施設

フィリピンでは、日常的な診療から母子保健などの公衆衛生活動まで、幅広い保健医療活動が「地域保健施設」で行なわれる。甚大な被害を受けたマラブット市の地域保健施設を再建したが、被災後もすぐ72時間止まらず稼動できる設計としている。ナースステーションの上部はトップライトで、発電機が止まっても明るい環境で医療活動が可能だ。

サブプロジェクト②

行政庁舎

復興の速度を速めるため、大きな被害を受けていたサマール島ラワアン市とマラブット市の庁舎を再建した。マラブット市の庁舎は、地域保健施設と並んでピロティ形式で建設し、2階に上がるスロープや発電機・給水タンクなどの設備を共有にしてコストダウンを図った。災害時のシェルター、また地域防災の拠点として活用する建築物となっている。

サブプロジェクト③

東ビサヤ地域医療センター外来診療棟

台風被害が最も大きかったレイテ島とサマール島で、地域の中核医療と医療スタッフの教育を担っているのがこの国立医療センターだ。しかし、台風により海岸に接する施設が甚大な損傷を受けた。同センターを海岸沿いから高台へ移転する計画に伴い、外来診療棟（3階建て、延床面積5,576m2）を建設し、地域の中核医療施設としての機能を回復させた。

最も大きい施設：マニト中央小学校

マヨン火山の偉容

夜間照明がともるキッチン・トイレ棟(ゴゴン中央小学校)

調理場施設(ゴゴン中央小学校)

通常は教室として使用される避難所

災害時の避難所と学習環境を確保

フィリピン
マヨン火山周辺地域避難所整備計画

コンサルティング：(株)毛利建築設計事務所
施設建設：岩田地崎建設(株)

アルバイ州はフィリピンでも有数の自然災害多発地域である。中でもマヨン火山は主要な災害の発生源だ。噴火に伴う溶岩流、火砕流、火山弾、降灰は甚大な被害をもたらし、降り積もった火山灰は台風襲来時に泥流、土石流、洪水などの原因となる。台風そのものも災害の発生源の一つで、2006年には二つの大型台風が多くの家屋や公共施設に被害を与えた。加えて、同州はプレートが沈み込む地点に極めて近く、地震と津波に襲われるリスクも大きい。

多発する自然災害に対して、同州は避難所の建設や早期警戒システムの構築、避難経路の策定など、ハードとソフトの両面から防災対策を進めているが、避難所の数が圧倒的に不足している上、現存の避難所の中には老朽化が進んで安全性に問題があるものも多い。

さらに、もともと避難所として建設されていない学校施設では、トイレ、調理場、給水設備、夜間照明など、避難生活に必要な設備がそろっていない。

今回の計画では、こうした課題の解消を目指して、6カ所のサイトで、教室（79室)、事務室（6室)トイレ(171室)、シャワー(74室)、調理室(7室)、洗濯場(7室)、発電機棟（6棟、発電機含む）などの施設が建設された。これによって、既存の施設と合わせ、最近の災害時の平均避難者数にあたる約7,200人が収容可能になった。

新設された避難所は、普段は学校として使用されるため、地域児童の教育環境の改善にも大いに寄与している。

竣工したザラムチュ橋

ザラムチュ橋の竣工式(絨毯上の主賓は左が公共事業定住省Dorji Choden大臣、右は山田JICAブータン事務所長)

ザラムチュ橋の上部工施工

竣工したニカチュ橋

ニカチュ橋の上部工施工

竣工したチュゾムサ橋

チュゾムサ橋の上部工施工

高地で技術難度の高い橋梁を新設

ブータン
国道1号線橋梁架け替え計画

コンサルティング:(株)オリエンタルコンサルタンツグローバル、(株)アンジェロセック
施設建設:大日本土木(株)

ブータンは国土の大部分が山岳地帯のため、道路が最も重要な交通インフラとなっている。国内には4本の国道が通っているが、首都ティンプーを起点とする国道1号線は国内を東西に横断する唯一の幹線道路で、交通量も多い。

その一方、1号線に架かる橋梁の中には道路幅、車両の重量制限(耐荷重)が現行の設計基準を満たしていない上、1980年代以前に建造されて老朽化が進んでいる橋梁が10本もある。特にチュゾムサ橋、ニカチュ橋、ザラムチュ橋の3本の橋長は25～28mあり、標高は最も低いチュゾムサ橋で約1,400m、最も高いニカチュ橋は2,600mにもなる。近くには家屋も多く、補強や架け替えの技術的難度は高い。

ブータン政府の要請を受け、この3橋梁の架け替えを行う無償資金協力を実施したのが本計画である。実際のプロジェクトでは、3本の橋梁とその取り付け道路を新たに建設し、完成後に古い橋梁をブータン側が撤去した。新たな橋は、ブータンへの技術移転がしやすいプレストレスト・コンクリート橋梁が採用された。橋長は45～47.5mとなり、道路幅や耐荷重は現行の設計基準に合わせた。耐荷重は100トンにまで増やしている。集落が近いチュゾムサ橋とニカチュ橋には、幅1.5mの歩道を設置し、護岸工事も併せて行われた。

18年6○○月、山田JICAブータン事務所長やドルジ・チョデン公共事業・定住省大臣らが出席してザラムチュ橋の竣工式が行われた。本計画の完了により、ブータンの大動脈とも言える1号線の安全性と利便性が大幅に向上した。今後は、同国の経済発展を支える水力発電所建設の資機材輸送が円滑になるものと期待されている。

新規作成

施設全景

竣工式典のテープカット

運転・維持管理指導

建設風景

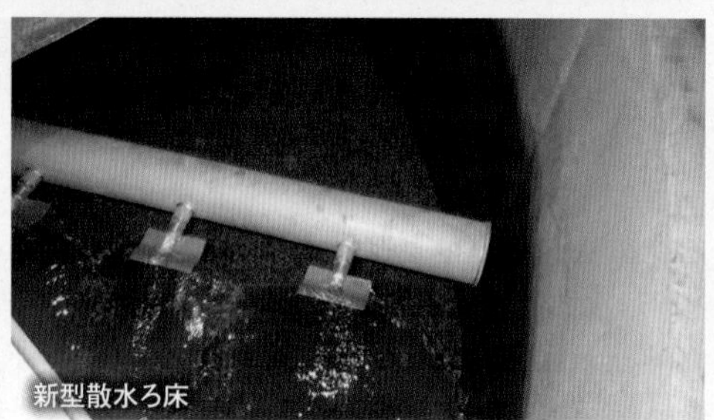
新型散水ろ床

今も健在の日本橋

最先端技術で清浄な水路を取り戻す

ベトナム
ホイアン市日本橋地域水質改善計画

コンサルティング：(株)日水コン
施設建設：メタウォーター(株)、月島機械(株)

ベトナム中部・ホイアン市の旧市街を流れる水路に「来遠橋」という屋根つきの橋が架かっているが、この橋は日本人が建てたと伝えられているため、「日本橋」とも呼ばれている。ホイアン市は、かつて日本や中国などとの交易で栄え、日本人街もあった。旧市街は世界遺産でもあることから、年間140万人もの観光客が訪れる。

一方、ベトナムでは下水道の普及率が低く、日本橋周辺の水路にも未処理の汚水が流れ込んで悪臭が発生し、生活環境も悪くなっていた。同国政府は、ホイアン市を含む主要都市において、2020年までに下水道システムの普及率を従来の50～60%から、80～90%に向上させるとの目標を掲げており、同市もフランス開発庁の支援の下で下水道整備を進めているが、水路の上流は対象外だった。

15年7月に本計画に関する無償資金協力の書簡が日越両政府間で交換され、日本側がホイアン市の日本橋周辺の水路を改修するとともに、上流に下水処理場を建設することとなった。この下水処理場は1日に2,000㎥の下水処理が可能で、日本の水処理大手企業メタウォーターが新興国向けに開発した最先端技術「前ろ過散水ろ床法（PTF法）」を採用している。PTF法は従来の方式に比べ、設置面積が小さくてすみ、また使用電力が少なく、維持管理が容易なのが特徴で、日本下水道事業団から「海外向け技術確認」の認証を受けている。

本計画は18年11月に竣工を迎えた。これによって、日本橋周辺を含めたホイアン市の水質が浄化され、周辺住民の生活環境が著しく改善される。また、同市の観光価値も上がり観光客も増えていくものとと期待されている。

新規作成

2018年2月現在の避難所周辺（2015年度植栽）

植栽時の掘削

2018年2月避難所より撮影（2015年度植栽）

管理用機材として調達されたエンジン付きボート

2017年2月末 展望台より撮影（2015年度植栽）

生態系を活用した防災「グリーン・インフラ」

ミャンマー
沿岸部防災機能強化のためのマングローブ植林計画

コンサルティング：国際航業（株）
施設建設：（株）安藤・間

ミャンマーは、東南アジアの中でも森林の減少率が高い。原因は、薪炭材の収穫や水田・養殖場などの開発に伴う無秩序な伐採だ。特にエーヤーワディ・デルタのマングローブ林では、2007年までの6年間だけで約4万7,000ヘクタール（奄美大島と同程度）が消滅した。

さらに、08年には14万人もの死者・行方不明者を出したサイクロンが発生し、同デルタのマングローブ林に壊滅的な打撃を与えた。一方、この災害の後に、マングローブ林がある場所では、他に比べて高潮による被害が少なかったことも確認された。ミャンマー政府はマングローブ林の復旧を目指したが、被害が甚大なため単独で実施するのは資金的に難しく、日本に協力を要請した。

これを受け、本計画では1,154ヘクタールという広大な土地（千代田区に相当）に240万本強の植栽が実施された。これまでに類を見ない大規模な植林事業であることから、効率よく実施するために日本の総合建設業の施工管理能力が必要とされ、東日本大震災の復興事業で防災緑地を整備した実績がある（株）安藤・間が受注した。植林事業は、さまざまな改良を加えながら13～17年にわたって実施され、プロジェクトの初期に植えられたマングローブは既に数メートルの高さに成長している。

今回のプロジェクトによって、約21万人が住む同デルタ地域ではサイクロンによる被害がより効果的に緩和されることとなる。さらに、これまでに類を見ない規模で行われたこのマングローブ植林は、生態系を活用して防災・減災を行う「グリーン・インフラ」の先駆的事業であり、今後、東南アジアを中心に類似の取組みがなされていくものと期待される。

MYANMAR 推進工法による地中での掘削と推進管の埋設工事

推進工法による大口径の水道管の敷設

開削工法

ヤンゴン市長(左から二人目)による工事現場視察

漏水を一掃し給水サービスを抜本的に改善

ミャンマー
ヤンゴン市上水道施設緊急整備計画

コンサルティング：(株) TECインターナショナル
配管更新：戸田建設(株)
ポンプ更新：(株)酉島製作所

ミャンマーの旧首都・ヤンゴン市は約510万人が居住するが、そのうちの約42%がヤンゴン市開発委員会(YCDC)の上下水道サービスを利用している。2012年3月、日本の経済産業省がYCDCのサービス改善のための調査を行い、優先すべき事業としてニャウフナッピン浄水場のポンプ更新と、同市内のほぼ中心にあるヤンキンタウンシップの老朽配水管の更新を挙げた。

この浄水場はヤンゴン市の総給水量の約4割を担うが、4台の送水ポンプのうち2台が故障したままだった。また、ヤンキンタウンシップでは、配水管の老朽化による漏水が50%を超えるほど深刻で、水の噴出に伴う交通渋滞も頻発していた。同市の人口は増加傾向にあり、水需給は逼迫していたが、YCDCの独自予算による施設の更新・整備は困難であった。同国政府は日本に協力を要請し、13年9月に本計画が始動した。

配管の更新は、配水池からダウンタウンに送水する大口径(主管直径1,000mm、他に側管2本)の配管工事(延長2,982m)と同タウンシップ内の配水管工事(延長12,842m)の2つのコンポーネントから構成された。大口径の配管工事では、幹線道路を横断する際には推進工法が採用されたが、これは、通常の開削工法では交通を遮断しなければならず、交通量の多い幹線道路の機能に極力影響を与えないための配慮であった。

また浄水場へ新たなポンプ場を建設し、4台の送水ポンプを新設置する工事も同時に行われ、16年5月にプロジェクトは完了し、対象地域ではきれいな水がほぼ一日中利用できるようになった。今後は、水道料金収入が増え、YCDCの安定的な経営と健全な給水サービスがもたらされるものと期待される。

2019年1月号掲載

整備されたロイコー総合病院全景

開院式(2017年2月)におけるテープカット

正面玄関の夜景

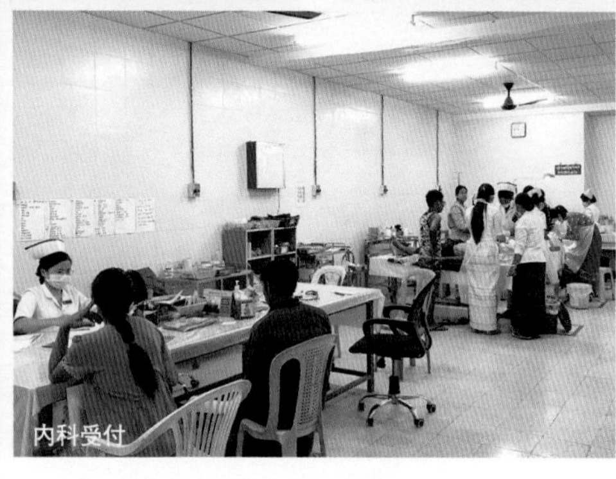
内科受付

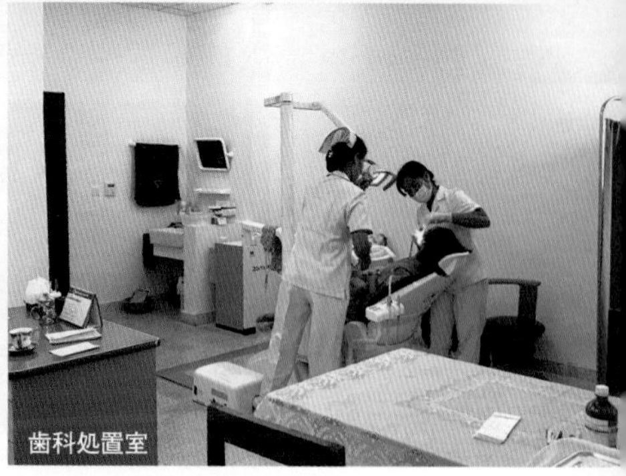
歯科処置室

地域住民の健康を支える「核」になる

ミャンマー
カヤー州ロイコー総合病院整備計画

コンサルティング：(株)山下設計、アイテック(株) 共同企業体
施設建設：戸田建設(株)
機材調達：三菱商事(株)

ミャンマーには少数民族の住む「州」がいくつかあり、州ごとに総合病院が存在する。東部のカヤー州にある「ロイコー総合病院」もその一つで、外来患者数が年間2万人に上る中核医療機関だ。しかし、1964年に建てられたため施設の老朽化が進み、機材不足も重なって適切な保健医療サービスの提供が困難になっていた。

「国家保健計画（Myanmar Health Vision 2030）」の下で全国をカバーする保健医療サービスの提供を目指しているミャンマー政府は、そうした状況に危機感を抱き、ロイコー総合病院を優先的に整備を必要とする病院の一つに位置付け、2014年3月から本計画が始動した。

本計画では、老朽化が著しい病院本館を建て替えるほか、2階建ての新本館2棟を渡り廊下でつなぐことになった。総合病院であるため内科、外科、産婦人科から歯科まで幅広く対応し、災害時にも診療・避難の拠点として機能するよう堅固な構造にした。さらには、非常用の高架水槽や発電機も備え付けた。医療用機材は国内で持続的に使用できるように配慮し、病棟用のベッドや手術台、手術用の顕微鏡、内視鏡セット、保育器など約20種類が提供された。

17年2月に行われた新病院の開院式には、在ミャンマー日本大使館の松尾秀明参事官、カヤー州政府首相などが参列した。松尾参事官は「ロイコー総合病院が地域の保健医療の核となり、ミャンマーの保健医療の改善に資するものと信じている」と期待を示し、ミャンマー側は多くの患者が近代的な医療機器の恩恵に預かっている現状を感謝した。

配水ポンプ場・配水池全景

水管橋の架設工事

塩素消毒設備のOJT

各戸給水の使用状況

竣工式典で挨拶する
丸山市郎駐ミャンマー特命全権大使

鉄道営業線下の推進工事

給水率の極端に低い地域の上水道を整備

ミャンマー
マンダレー市上水道整備計画

コンサルティング：(株) TECインターナショナル、国際航業(株)
施設建設：飛島建設(株)

ミャンマー中央部に位置するマンダレー市は、128万の人口を有する同国第2の都市である。首都ヤンゴン市に次ぐ商業都市であり、交通や通信の要衝として発展している。同市は6つの行政区から構成されており、給水率が極端に低い地域が存在する。その一つであるピジータゴンは、同市全体の平均給水率が57%であるのに対し、わずか5%しかない。

こうした中、本事業では、上水道を整備し、ピジータゴンの給水率を30%まで引き揚げることで、約8,000戸に衛生的な水を供給できるようにした。

具体的には、取水井や配水池を建設したほか、導水及び配水管の敷設工事を実施。さらには、機械設備を含む配水ポンプ場、塩素生成および注入設備、配水管理モニタリングシステムの導入など、水道施設一式を整備した。

工事は2018年8月に完了した。引き渡しに際し、施工企業が同市の水道事業を管轄するマンダレー市開発委員会（MCDC）の担当職員に対し、OJTで技術指導を行い、試運転作業を繰り返し実施することで、新設の水道施設を自分たちで運用できるよう人材育成を行った。

このプロジェクトは、給水率の向上だけでなく、市全体の保健衛生環境の改善にも大きく貢献する。これまで、同市の既存の水道施設では塩素消毒処理が実施されておらず、9カ所ある配水施設のほとんどで大腸菌を含む細菌が検出されていた。

だが今回のプロジェクトで導入された塩素生成装置（2基）によって、塩素消毒を全ての施設で実施することが可能となった。これにより、特に水因性疾病の罹患率が高かったピジータゴンだけでなく市全体の住民の健康改善にもつながるものと期待されている。

車載型掘削機（中側2台）とクレーン車（外側2台）

試掘井戸からの水を浴びる子供

ケーシングパイプ

孔内検層器

建設された給水施設

乾燥地の地下水開発に必要な資機材を整備

ミャンマー
第二次中央乾燥地村落給水計画

コンサルティング：(株)地球システム科学
(株)オリエンタルコンサルタンツグローバル
機材調達：丸紅プロテックス(株)

ミャンマーの中央乾燥地には同国の総人口の約30％に当たる1,500万人強が居住しているが、同地域の降雨量は年間400～880mmと少なく、しかも雨期の5～10月に集中している。そのため、乾期の生活用水は溜め池や地下水に依存せざるを得ないが、水源の枯渇や水質の悪化により使用できないことも多く、女性や子どもが水汲みに数キロも往復しなければならない。

日本はこの地域の地下水開発のために1980年代、3台の深井戸掘削機を供与したが、機材の老朽化とともに地下水開発が停滞していた。また、2006～09年にかけて実施された技術協力プロジェクトでは、井戸掘削の技術移転がなされたが、資機材の不足から技術の有効活用が困難な状況となっていた。

そこで、本計画に先行する無償資金協力（2011年度）では、2台の車載型掘削機と87本の井戸建設のための資材が調達された。このような日本からの支援や同国の自助努力によって、2001年には8,042カ所あった同地域の安全な水にアクセスできない村落は、15年には1,711カ所まで減らすことに成功している。

今回の無償資金協力では、地下水開発を促進すべく、車載型掘削機2台、エアコンプレッサー2台、クレーン付き10tトラック2台、水中ポンプ100井戸分、ケーシング・スクリーン100井戸分、孔内検層機2セット、揚水試験装置1式などの資機材が導入された。こうした日本からの技術移転と資機材調達により、今後は中央乾燥地の地下水開発による給水事業がさらに促進されていくことが期待される。

完成した「太陽橋」をしたから見上げる

完成した「太陽橋」全景

高架橋の新設で首都の交通事情を改善

国交省の「第1回 JAPAN コンストラクション国際賞」を受賞

近年、著しい経済成長を遂げているウランバートル市では、都市化と車社会への移行が急速に進んでいる。だが、急激な車両数の増加に道路整備や維持管理が追い付かず、交通事情は悪化の一途をたどっていた。

特に、同市の南側の工業地帯と北側の商業地域をつなぐ道路は、重要な国際輸送手段であるモンゴル鉄道に分断されており、さらに鉄道をまたぐ既存の2つの橋は、いずれも老朽化や施工不良などによる損傷が著しい。また、2橋のうち1つは車両の重量規制が課せられており、安全で円滑な交通の確保が難しく、効率的な道路交通網の構築に支障を来していた。

このため、1999年、国際協力機構（JICA）による開発調査が行われ、同市の道路交通事情の改善に向けたマスタープランが策定された。調査では、既存の2橋に加え、同市の中郭環状線の一部として鉄道をまたぐ新たな高架橋が必要であるとの結論が出された。そこで、2009年から12年にかけて実施された本事業では、モンゴル鉄道の北側のイフ・トイルー通りと南側のエンゲルス通りを結ぶ新たな跨線橋を建設した。橋長は約260m、接続道路延長が約630m、車線数は4車線。本橋はコンクリート製橋梁が多数を占めるモンゴルにおいて、初めての本格的な鋼製橋梁であり、ライフサイクルコストの削減を図るために、床版には耐久性の高い鋼コンクリート合成床版が採用された。

跨線橋の建設では、主要な機材を日本から持ち込み、基礎工事や橋の上部工事、同国初の滑り止め舗装などを行い、日本企業が持つ高い品質を同国でも実現させた。基礎工事には、鉄道脇で安全に工事を行うための「回

「送り出し工法」による架設工事

回転圧入鋼管抗による基礎工事

記念式典におけるテープカット(2012年10月)

橋脚工事

橋桁工事

モンゴル
ウランバートル市高架橋建設計画

コンサルティング：(株)建設技研インターナショナル
施設建設：JFEエンジニアリング(株)

転圧入鋼管杭」、固い礫地盤を施工するための「全周回転式オールケーシング工法」による杭基礎の施工など、優れた日本の技術が採用された。

課題となったのは、同国のコンクリートの品質が不安定であることと、マイナス30℃を下回る厳冬期の影響により屋外工事可能期間が限られていたことだ。これも、工場製品を多く活用するよう計画することで、品質の向上、施工期間の短縮を可能にした。

このほか、モンゴル鉄道が一日も止めることができない同市の生命線であることに配慮し、上部工跨線部の施工に「送り出し工法」を採用して交通機関への影響を最小限に抑え、地元市民から高く評価された。加えて、現地では省庁、大学、企業関係者らを対象に現場見学会やセミナーを開催するなど、技術移転にも力を注いだ。

完成した跨線橋は、“日出づる国”日本からの贈り物として「太陽橋」と命名された。開通後は、周辺の交通渋滞が緩和されたほか、市内から国際空港までの距離も約３㎞短縮され、通行車両の重量制限も大きく緩和された。これにより、物流の輸送力強化・安定化・効率化が実現し、首都圏の機能向上や経済活性化、医療・教育など社会サービスへのアクセス向上にもつながった。

こうした施工時の工夫やモンゴルの経済成長および市民の生活環境の改善への貢献は、日本でも高く評価され、同事業は18年、日本企業の優れたノウハウや技術力、プロジェクト管理能力などを通じて、「質の高いインフラ」整備を実現した事業として、国土交通省の「第１回JAPANコンストラクション国際賞」を受賞した。

取水堰

発電施設

屋外変電所

排砂門（沈砂池）

竣工式（2015年2月）

配電線

輸入電力に頼らないための地方電化

ラオス
小水力発電計画

コンサルティング：東電設計（株）、東京電力（株）※ ※当時の社名。
施設建設：（株）安藤・間

ラオスは、地方部を中心に電力の供給が遅れており、2000年時点の世帯電化率は36%にすぎなかった。そこで同国政府は「2020年までに世帯電化率を90%に引き上げる」との目標を掲げ、12年上半期に同国全体で80.1%を達成した。他方、中国と国境を接する最北部のポンサリ県は23%と同国で最低の世帯電化率に留まっていた。

ポンサリ県を含む地方部では、発電施設から数百kmにわたって電力を供給している場合が多い。このため途中で電圧低下や送電ロスを招きやすいほか、送電施設などの事故の影響が広範囲に及びやすいなど、問題が山積していた。さらに、同県では不足する電力を中国から年に約3ギガワットも輸入しており、これが財政の大きな負担ともなっていた。

このため、本計画ではポンサリ県に環境負荷が少ない小水力発電所が建設された。加えて、周辺の未電化集落に向けて合計58kmの配電線も敷設された。水車や発電機は日本から調達したものだ。発電所は同県が保有し、電気料金の徴収も行う。発電所の運転、維持・管理については新たに設立された県地方電化基金が担うが、本事業では同基金の能力向上のための支援も併せて実施した。

工事は13年12月から始まり、15年2月末に完了した。竣工式ではポンサリ県副知事が発電機のスイッチを入れ、関係者と喜びを分かち合った。同県の電力の大半を輸入に頼らず供給できれば、電気料金も抑えられ、現地住民の生計向上が期待できる。同県では引き続き電化事業を推進し、2020年までに世帯電化率70〜80%の達成を目指すという。

竣工式：水道局員による運転

新設の浄水場

高架水槽

配水管の敷設

コンクリートの打設

要衝地の上水道を抜本改善

ラオス
タケク上水道拡張計画

コンサルティング：(株)日水コン
施設建設：(株)安藤・間

政府は現在、2020年までに都市部の人口の80％が24時間給水を享受できるようになることを目指し、上水道の整備を進めている。例えば中部カムアン県の県都であるタケク郡は、全国で5番目の人口規模を誇る（約8万6,000人、2010年）が、給水普及率は人口の5割に留まるなど、地方都市を中心に給水の普及には課題も多い。

当初、タケク郡では、欧州連合（EU）が建設した井戸を水源に活用していたが、水質悪化と水量不足が深刻化したため、緊急措置として、メコン河を水源とする浄水場が建設された。しかし近年は、その浄水場も錆や腐食によって漏水が発生するなど、安全性が危惧されつつある上、配水管路も不足し、上水道の普及率がなかなか改善されない状況が続いている。タイやベトナムとラオスをつなぐ交通路の要衝にあり、今後の経済発展と人口増が見込まれる同郡の上水道整備は、喫緊の課題だ。

今回の協力では、①取水施設の新設（取水井、取水ポンプ設備、管理室）、②浄水施設の新設（着水井、混和池、フロック形成池、沈殿池、急速ろ過池、薬品注入設備、浄水池、送水ポンプ室、管理棟など）、③導水・送水・配水施設の新設・改良・敷設（高架水槽2基の新設、既存配水池の改良、導水管・送水管・配水管の敷設）などが実施された。さらに、完成後も浄水場が適切に運営されるよう、耐久性の高い水質検査機器が供与されるとともに、維持管理に携わる職員の研修も行われている。

この協力により、タケク郡の都市部の給水普及率が80％に向上するとともに、衛生的な水道水が安定的に供給され、住民の生活環境が改善されることが期待される。

ごみの量を測定するためのトラックスケール

村上JICAラオス事務所所長

引原特命全権大使

Ms.Vilaykham Phosalath　公共事業運輸省副大臣

Ms.Vilaykham Phosalath　公共事業運輸省副大臣

完成した中継基地の引渡し式：2016年1月

コンサルタントによる施設運営のためのセミナー

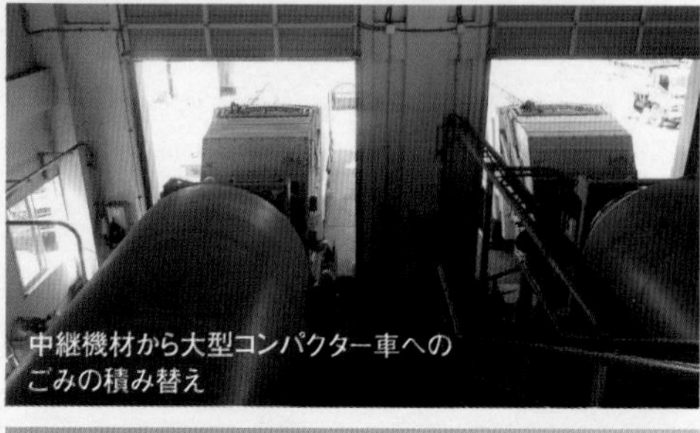

中継機材から大型コンパクター車へのごみの積み替え

供与されたごみ収集車

増加する廃棄物を効率的に収集・処理

ラオス
環境的に持続可能な都市における廃棄物管理改善計画

コンサルティング：国際航業（株）
施設建設：佐藤工業（株）／豊田通商（株）共同企業体

東南アジアの内陸国ラオスは、近年の経済成長に伴って人口が増加し、廃棄物の処理が大きな課題となっている。特に首都ビエンチャン、およびルアンパバーン郡、サヤブリ郡は、東南アジア諸国連合（ASEAN）の統合ロードマップにおいて「環境的に持続可能な都市」に登録されており、廃棄物の管理能力強化を目標の一つとして掲げている。

しかし、上記の３地域では廃棄物収集専用車両が少なく、輸送方法も非効率なままで収集率が伸び悩んでいる。また、未収集の廃棄物は野焼きされるか、そのまま放置されるため、病害虫や悪臭が発生する原因にもなる。

そこで今回の無償資金協力においては、日本がビエンチャンに廃棄物管理のための中継基地を建設するとともに、ビエンチャンと他の２郡で、廃棄物収集車両、散水車、最終処分場用のブルドーザーなど必要な機材の調達を実施した。

例えば、ビエンチャンではそれまで、市街地から32キロ離れた最終処分場に廃棄物を直接持ち込む方法をとっていたが、中継施設にいったん廃棄物を集積し、量がまとまってから大型トラックで効率的に最終処分場へ運ぶ方法に切り替えた。廃棄物中継基地の運営はラオス側にとって初の試みとなったため、収集車両の配車計画や最終処分場への搬入方法などの技術指導も併せて行われている。

さらに、ビエンチャンは廃棄物収集率が極めて低いことから、大量の収集用コンパクタートラック、医療廃棄物用の収集車などを調達し、2013年から７年間で収集量を約3.7倍に増やすことを見込む。　他の２郡でも調達を行い、収集量の倍増を目指している。

2018年5月号掲載

橋面より主塔を望む

開通式におけるテープカット（2018年2月）左より米山芳春JICAラオス事務所所長、一人おいて、引原◆駐ラオス日本国大使、ラオス副首相、公共事業省大臣

右岸川上流よりの全景写真

ラオス日本友好橋の門方標識

橋脚張り出し架設工事

地域の発展と周辺国の物流改善を支える

ラオス
国道 16 B 号線セコン橋建設計画

コンサルティング：セントラルコンサルタント（株）
施設建設：大成建設（株）

南北に長い国土を持つラオス。南部を走る国道16号線は、地域交通の軸であるばかりでなく、隣接するタイ・ベトナム両国をつなぐ国際幹線道路でもある。

しかし、この地域は山岳地帯で道路の多くが未舗装にとどまっている。加えて、16号線はメコン川の支流セコン川によって分断され、川を渡るには不定期運行のフェリーを使うしかないことが交通のボトルネックとなって、経済活動や社会インフラへのアクセスが阻害されている。この地域の住民の９割が少数民族で極度の貧困に苦しんでいることから、豪雨などでフェリーが運休するとさらなる困窮を強いられることにもなる。

一方で、鉱工業や水資源などの面を中心に、この地域の開発ポテンシャルが判明し、交通手段の安定性が、南部地域のみならずラオス全体の経済発展にもたらす重要性が明らかとなりつつある。同国からの依頼に基づき、日本はセコン橋の建設のために無償資金協力を行うこととなった。

プロジェクト区間827ｍのうち橋梁部が300m、取付道路部が527mである。百年に一度の洪水でも橋げたが浸水しない高さにしたのは、大規模水害の際には近隣住民と家畜のための緊急避難場所としての役割を果すためだ。

橋の開通により、この地域からはバンコクよりも距離的に近いベトナム・ダナン港へのアクセスが可能となり、出荷先の選択肢が増えると同時に、輸送コスト・輸送日数の削減につながる。ベトナムで活動する日本企業にとっても、ラオスやタイへの製品出荷が容易になる。こうした効果を通じて、地元や隣国の経済発展に寄与することが期待されている。

中　東

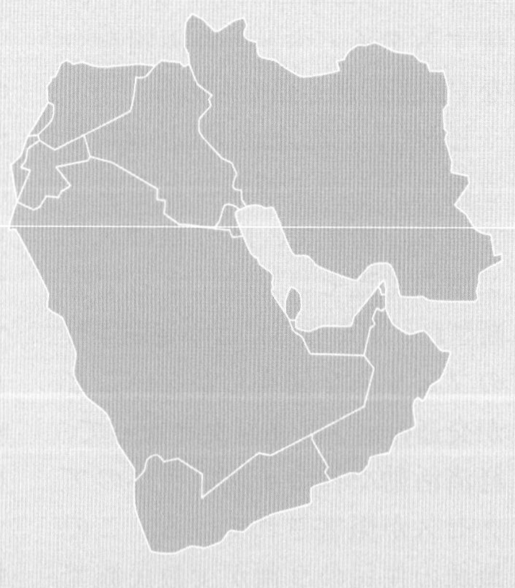

施設全景

コンクリート打設

飼育研究棟

生物餌料培養室

高架水槽棟

貝類の養殖技術で水産振興を後押し

モロッコ
貝類養殖技術研究センター建設計画

コンサルティング：OAFIC(株)
施設建設：岩田地崎建設(株)

北アフリカ北西部に位置し、大西洋と地中海に面するモロッコは、水産セクターを主要産業の一つとして発展してきた。日本にとっても、タコやマグロの輸入元として重要な貿易相手国である。

世界的に海洋天然資源の減少が進む中、モロッコ政府は国内漁業者への漁獲量制限や養殖業の推進に取り組んできたが、貝類は国内で天然種苗を採取することが困難な上、人工種苗の生産技術が未開発なため、種苗は輸入に頼っている。しかし、輸入種苗は、ウイルス病の発生や安定供給の難しさなどの問題があり、貝類養殖技術を全般的に向上させることが急務となっていた。

このプロジェクトではテトゥアン県アムサ地区に貝類養殖技術研究センターを整備し、研究機材を導入するとともに、生物餌料の研究および防疫・衛生管理に関する指導などを行った。

施設としては、管理棟（567㎡）、飼育研究棟（951㎡）、高架水槽塔（78㎡）、電気室棟（48㎡）その他（87㎡）を整備した。敷地と海水面の高低差が小さいため、建物の床面高を慎重に設定して、維持管理が容易な重力排水方式を採用した。他方、機材については研究、飼育、海洋養殖試験等に関する機材を供与した。

これらの支援により、この計画の実施機関であるモロッコの国立水産研究所における貝類の種苗生産・養殖技術の研究・開発能力が向上し、これまで同国において未着手だった貝類養殖の試験研究活動が本格化する。水産振興の中でも海面養殖への注力を打ち出すモロッコの漁業戦略を後押しするとともに、水産セクターの持続的成長に寄与することが期待される。

ジェリコ市で初めての下水処理場

世界で最も低い街で 水環境の改善と農業の振興を実現

パレスチナのヨルダン川西岸に位置するジェリコ市は、世界最古の都市として知られている。しかし、それと同時に、この街は、あまり知られていないが、実は世界で最も海抜が低い都市でもある。

海抜はマイナス260メートル、周囲は大地溝帯の一部を形成するヨルダン渓谷に囲まれているため、市街地から排出される汚水は、地形的に、他に流れ出ていきにくい。

その状況にもかかわらず、この地域にはこれまで汚水を処理する施設がなく、排出された汚水をそのまま地下に浸透させていた。このため、2010年には、地域の上水道システムの唯一の水源である地下水が汚染されていることが明らかになり、地域の人々に衝撃を与えるとともに、大きな社会問題となった。

こうした背景から、パレスチナ暫定自治政府は、この地域に適切な汚水処理施設を建設するために日本に対して無償資金協力を要請した。これを受けて、日本は今回の協力を通じ、1日あたり9,800立方メートルの汚水を処理できる能力を持つ下水処理場と、総延長25キロメートルの下水管網を建設した。

この事業では、できるだけ本邦技術を活用することが念頭に置かれている。

例えば、下水処理の心臓部には、日本で開発・改良されてきた省エネ型の酸素供給装置と大型の太陽光発電装置を設置。これにより、日中必要な消費電力は、太陽光発電によってほぼまかなうことが可能になった。

さらに、敷地内の一角には、処理した水を利用して小さな日本庭園も造られており、この汚水処理場が日本の支援によって作られたものであることを、訪

敷地内に造営された日本風庭園

イスラエルとパレスチナを隔てる分離壁

クレーンの使用方法を講習会で指導

センターポストの据付風景

マンホールの工事

コンクリートの打設風

パレスチナ ジェリコ市水環境改善・有効活用計画

コンサルティング：(株)エヌジェーエス・コンサルタンツ
施設建設：大日本土木(株)

れた人に印象付けている。

今回の協力には、以下の二つの意義がある。

第一に、中東和平の観点から見た意義である。隣国イスラエルは、ジェリコ市地域の土壌や地下水の汚染問題が自国にも悪影響をおよぼすことを強く警戒し、パレスチナに対してたびたび懸念を表明していた。

第二に、農業振興の観点から見た意義である。この地域はもともと農業の発展が見込まれていた上、日本政府が推進する「平和と繁栄の回廊」構想の中核を成す農産物加工団地の建設も検討されていた。そのため、下水や汚水を処理して再利用することで、限りある水資源を有効利用しようという計画には大きな期待が寄せられている。

新しい処理場の完成によって、2020年までには5万3,000人に達すると予想されている同市の人々が排出する汚水の約68%が処理できるようになると見込まれている。さらに、1日に処理される汚水のうち、6,600立方メートルはかんがい用水として再利用できるため、農業のさらなる振興につながる上、前述の農産物加工団地の排水処理作業も低コストで実現できることが期待される。

さらに、ジェリコ市の衛生環境が改善されることによって、この街を訪れる観光客が増加し、さらなる観光振興にもつながることが見込まれるなど、今回建設されたこの施設には、さまざまな波及効果が期待されている。

今後は、これまで類似の下水道施設を有していなかったジェリコ市がこの下水処理場を有効利用していけるよう、運営・維持管理能力を強化するための技術協力も求められている。

減圧弁室

推進管へのダクタイル管挿入

現場での安全大会

刃口推進工事の推進管圧入

日本から輸入した管材荷卸し作業

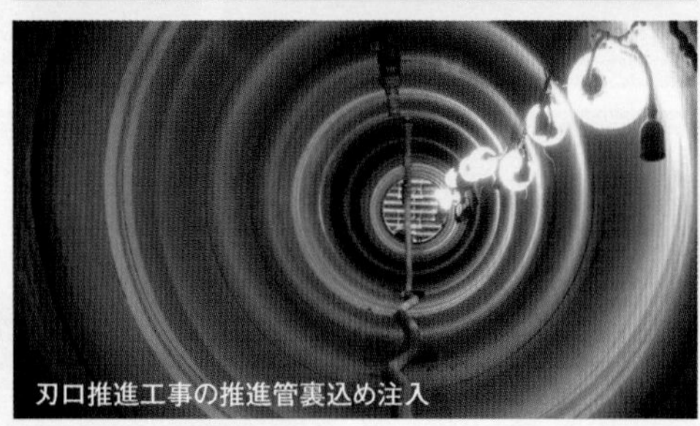
刃口推進工事の推進管裏込め注入

車線規制を行いながら、
市内幹線道路にて配管トレンチ掘削工事

難民流入で深刻さ増す水不足を解消

ヨルダン
北部地域シリア難民受入コミュニティ水セクター緊急改善計画

コンサルティング：（株）TECインターナショナル
施設建設：大日本土木（株）

国土の75％が砂漠地帯であるヨルダンは、年間降雨量が200mm以下と非常に少なく、世界で最も水資源の乏しい国の一つと言われている。一人が1年間に利用できる水の量（2014年）を比べると、世界平均の7,700㎥に対して、ヨルダンは129㎥にすぎない。国連が定義する「絶対的水不足」の基準の500㎥さえ大きく下回る。

このため同国において水資源の確保は常に最重要課題である。一方、ヨルダンでは2011年以降、隣国シリアからの難民が急増している。北西部のイルビッド県では、14年時点で人口131万人のうち約20％がシリア難民とされる。同国の水道インフラはもともと老朽化や漏水などの課題があった上、難民の流入による人口増加も重なり、水不足はさらに深刻化した。水資源をめぐり、地元住民と難民との軋轢が生じることも珍しくない。

そこで同国政府は13年、シリア難民が多く流入し水不足が特に深刻となっている北部4県の上下水道サービスの現状把握と、持続的な水資源確保に向けた方策の実施への協力を、日本政府に要請した。14年1～6月に現地調査が行われ、優先事業としてイルビッド県のホファ配水池からベイトラス地区に配水管の新設と、老朽化が進んだ同県ハワラ地区の配水管網の改修・更新を実施することが決定した。

本事業により、水の供給量は1日当たり3万㎥まで上昇し、合計47万3,000人の住民が裨益することが期待されている。また、それまで週に1回だった給水は週2回に増え、給水量も増える見込みだ。17年5月に行われた竣工式では、ヨルダンのムルキー首相、ナーセル水灌漑相などが参列した。

アフリカ

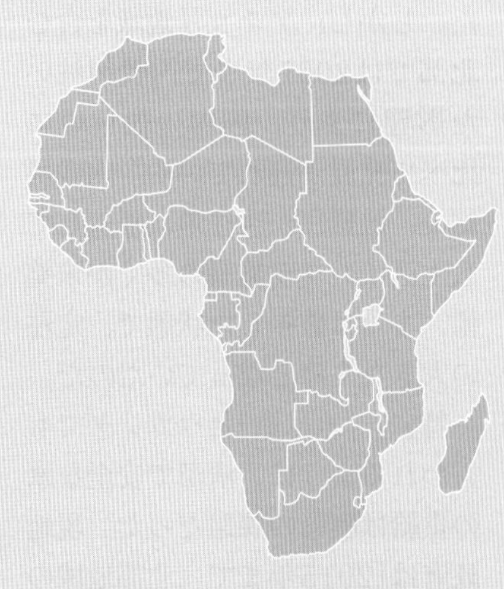

竣工式で公共水栓を視察する中村参事官とウガンダ政府高官

高架水槽から配水される公共水栓

完成した高架水槽と太陽光パネル

地方部に設置されたハンドポンプ

高架水槽を背景にした竣工式の様子

内戦避難民の定住先に安全な水を届ける

ウガンダ
アチョリ地域国内避難民の定住促進のための地方給水計画

コンサルタント：（株）TECインターナショナル／OYOインターナショナル（株）
施設建設：（株）日さく

アフリカ東部の内陸国であるウガンダは、度重なる内戦を乗り越え、サハラ以南地域において最も経済成長率が高い国の一つとなった。しかし、アチョリ地域を含む北部では2007年まで内戦が続いた影響により、国内の他地域に比べて発展が遅れている。内戦終結後、避難民が居住地に帰還しても生活インフラ施設の多くが未整備、または破損した状態で、定住の大きな支障となっていたのだ。

特に、「水は命」とウガンダでも言われるように、清潔で安全な水の供給は喫緊の課題だった。現地政府は「2015年までに北部地域の給水率を77％まで改善する」という目標を掲げたが、予算不足などにより実施は困難を極めた。無償資金協力の要請を受けた日本は、13年７月、現地政府と書簡を交換して、プロジェクトを開始。事前調査を経て、アチョリ地域の７県でハンドポンプ付深井戸給水施設75カ所および管路式給水施設６カ所を優先プロジェクトとして採択した。

管路式給水施設は、太陽光発電によって作動するモーターの力で井戸から水を汲み上げて高架水槽に貯め、管路を通して複数の公共水栓に送り届ける。近隣住民が水を汲むハンドポンプ付深井戸は、家畜を含む動物による被害を防ぐため、住民自らの手により堅牢な木の柵で囲った。

2015年８月に竣工式を迎えた際、現地の政府関係者は「ウガンダの建設現場では工期の延長が繰り返されることがよくある」と述べた上で、困難を省みず当初の工期を守った日本企業に敬意を表した。新たな給水施設のおかげで、女性と子ども達の水汲みに使われる労力が減少したばかりでなく、清潔で安全な水の供給により、北部地域に住む約３万2,000人の命が守られると期待されている。

改修が完了したクイーンズウェイ変電所

竣工式（2018年8月17日）にはセカンディ副大統領、ムロニ・エネルギー鉱物開発大臣等が出席した

据付工事

制御盤

25年後に再び同一変電所を整備

ウガンダ
クイーンズウェイ変電所改修計画

コンサルティング：八千代エンジニヤリング(株)
施設建設：西澤(株)、(株)きんでん
機材製作：愛知電機(株)

「アフリカの真珠」と称されるウガンダは2000年代に入り急速に経済が発展し、それに伴い電力需要も大幅に増加した。電力需要は2020年には1,000MW（メガワット）に達すると見込まれているが、電力供給量は14年時点で約665MWに留まっている。

同国は水力による電源開発を進めているものの、既存の送配電施設は設備容量が不足している上、老朽化が進んでいる。このため、首都カンパラでは電力供給が不安定となり、計画停電を度々実施せざるを得ない状況にある。

日本は、これまで同国の電力セクターに対してさまざまな支援を行なっており、クイーンズウェイ変電所も33kV配電用として1991年に無償資金協力を通じて建設された。建設後、日本の技術を受け継いだ職員が真摯に維持管理を行い、法定耐用年数の15年をはるかに超えた、建設から25年を経た2015年時点でもカンパラ市内の3分の1の地域へ電力を供給していた。これは、日本の技術力、国際協力の輝かしい金字塔である。

しかし、首都の増大する電力需要に対しては、33kV配電系統では大きな配電ロスが生ずるようになり、新たに132kVの変電設備が不可欠となったことから、今回の計画が実施された。調達・据付が行われた機材は132/33kV変圧器を中心とする変電設備であるが、特にガス絶縁開閉装置を採用して狭い敷地を有効活用したことが高く評価された。送電線路の工事や制御棟建屋の建設も同時に実施されている。

今年8月には竣工式が実施された。これにより、クイーンズウェイ変電所は首都圏への安定的な電力供給が実現し、首都の機能維持や同国の経済発展に大きく寄与することが期待されている。

橋脚の基礎工事の風景

施工にあたっては経済性も重視された

取付道路の様子

新橋を渡る歩行者

完成したアワシュ橋(手前)。
左は旧橋、その奥は鉄道橋

輸出入の要となる橋梁を更新

エチオピア
国道一号線アワシュ橋架け替え計画

コンサルティング：セントラルコンサルタント(株)
施設建設：佐藤工業(株)

エチオピアでは都市間交通・輸送の95%を道路網が担っているが、道路そのものの少なさが同国運輸部門の最大の課題だ。各国の支援に基づく幹線道路の改修や新たな道路の建設が進んでいるが、今後の国土開発や経済成長を見据えて継続的な道路網の整備・拡大が不可欠だ。

特に、橋梁については、全国の幹線道路上の2,800以上の橋梁のうち約40%は1940～50年代に架けられたもので、損傷の度合いや交通量の増加に応じた架け替えが必要となっている。

今回のプロジェクトの対象となったアワシュ橋は、エチオピアの輸出入の90%を担う隣国のジブチ港と同国の首都アディスアベバを結ぶ国道1号線に架かっている。近くに迂回路がなく、同橋から北の地域に向かうためには同橋を通らざるを得ないので交通量も多いが、橋の老朽化を受けて1車両1方向という厳しい通行制限が課せられていた。

また、109mという長さからも、同国が自力で更新するのは技術的・資金的に困難だが、万が一、同橋が落下した場合、エチオピア・ジブチ両国の経済に対する深刻な打撃を与えることが懸念されていた。

今回、新たに建設された橋梁は主橋梁部延長145m、総幅員10.3mで国際幹線にふさわしいものとなった。この橋梁の完成はエチオピアとジブチ、両国間の物流を円滑にし、地域全体の経済発展にも大いに寄与する。それに伴い、開発が遅れていた沿線地域の発展にもつながることが期待されている。

2015年3月号掲載

セコンディ漁港全景

竣工式におけるAKUFFO ADDO
ガーナ大統領と姫野勉特例全権大使（2018年4月）

カヌーが係留される連絡道路

岸壁の工事風景

増設製氷機

漁港拡張で需要の増加に対応

ガーナ
セコンディ水産業振興計画

コンサルティング：（株）エコー・OAFIC（株）　共同企業体
施設建設：東亜建設工業（株）

アフリカのギニア湾は漁業が盛んで、国土の南側がギニア湾に面しているガーナには、約21万人の漁業者を含め、労働人口の2割に当たる約220万人の漁業関連業務の従事者がいる。水産物の消費量も年間約23.7kg/人に達し、世界平均の約18.6kg/人を大きく上回っている。

セコンディ漁港はガーナの2大漁港の一つで、1998年に日本の水産無償資金協力により建設された。開港後、年間水揚げ量は10年間で2倍近くの2,800トンに達し、利用漁船数も計画時の約50隻から2倍以上に増加し、さらに漁船のサイズも大きくなった。それに伴い漁港内の水域や施設は混雑し、機能低下を引き起こした。このほか、製氷施設も既存施設だけでは追いつかず、近隣から補充せざるを得なくなっていた。

そこで、同港を大幅に改修する無償資金協力プロジェクトの施工が2016年から始まり、岸壁の延長・拡幅、製氷施設および管理事務所の増設、漁港と水揚げ場を結ぶ連絡道路の舗装などが進められた。また、岸壁などに漁網が山積みされるといった効率の悪さを改善するため、漁港関係者に施設の利用規則を周知させ、運営維持の管理計画を確認させるソフトコンポーネントも実施された。

プロジェクトの実施により、岸壁延長が165mから345mに増加したことによって、岸壁の混雑が解消される見込みである。また、水産物の鮮度を保つ氷の生産能力が15トン/日から30トン/日に増加したため、氷の供給不足が緩和されることが期待される。セコンディ漁港の利便性の向上は、良質な水産物を望むガーナ国民にとって朗報となるはずだ。

2018年6月号掲載

井戸掘削

安全大会

利用状況

完成した施設

乾燥地帯の村落にきれいな水を

ケニア
バリンゴ郡村落給水計画

コンサルティング：(株)建設技研インターナショナル／OYOインターナショナル(株)
施設建設：(株)利根エンジニア

ケニアは、国土の8割以上が乾燥地帯または半乾燥地で、安全な水の供給が困難だ。中でも同国中部にあるバリンゴ郡の給水率は約24%に留まっており、全国平均の57%（都市部60%、地方部40%）と比べ著しく低い。そのため、住民は川床の手掘り井戸や不衛生な溜め池、湧水を利用せざるを得ない状況だった。

「バリンゴ郡村落給水計画」では、こうした同郡に対して深井戸給水施設を70カ所整備し、関連機材の供与とともに維持管理に関する啓発活動（ソフトコンポーネント）を実施した。給水施設には深井戸や揚水施設、貯水タンク、公共水栓、水栓までの配管、家畜の水桶が含まれる。当初、ケニア政府からは太陽光発電を活用した揚水施設が要請されたが、最終的には、各地域の状況に応じて揚水の動力は太陽光、商用電力、発電機が利用されることになった。

今回のプロジェクトによって、住民の水汲み労働の負担が軽減されるとともに、安全な飲料水によってコレラなど水因性疾患が減少することも見込まれている。さらに、この支援によって同郡の給水率は37%まで向上し、ケニア政府が掲げる「2030年までの全国民への安全な水の供給」という目標に向けて、大きく前進することが期待されてる。

日本は、2013年に横浜で開催された第5回アフリカ開発会議（TICAD V）において、アフリカ諸国の水と衛生分野に引き続き支援していくことを表明した。このプロジェクトはそれを具体化した一例となる。アフリカの多くの地域で安全な飲料水の確保が大きな課題となっている中、さらなる日本の支援が期待されている。

街路灯も整備され、改修工事が完了したポワ・ルー通り

表層部分の工事

改修工事前の雨の日のポワ・ルー通り

街路灯の竣工式でスピーチを行う
軽部 洋駐コンゴ民主共和国特命全権大使(2017年5月)

歩行者の安全を配慮した側溝工事

道路を改良しながら「日本式」配慮を示す

コンゴ民主共和国
キンシャサ市ポワ・ルー通り補修及び改修計画

コンサルティング：(株)アンジェロセック
施設建設：北野建設(株)

コンゴ民主共和国の首都キンシャサ市は、アフリカ屈指の大都市だが、深刻な交通渋滞という問題を抱えていた。舗装の老朽化と毎年の大雨による損傷で、雨期には通行が困難になるほど道路状態が悪化したためだ。特に、国際空港を擁し人口も稠密なンジリ地区とキンシャサ市の中心部を結ぶ「ポワ・ルー通り」は、沿道に位置する運輸業、製造業のための産業道路(「ポワ・ルー」は大型トラックを意味する)も兼ねていて交通量が多く、優先的な補修が必要だった。

ポワ・ルー通りの維持管理は長年の内戦で放棄されていたが、2009年11月から、全12kmのうち約4kmについて無償資金による補修事業が始動。雨期に備えて車道沿いに排水設備を設ける、バス停用地や歩道を整備するといった対策も行われた。

着工直後、同国のジョゼフ・カビラ大統領から「従来2車線の通りを4車線に拡幅して欲しい」との要請があり、数カ月に及ぶ協議の末、拡幅の箇所は同国が費用を負担し、工事は日本勢が行うことで落ち着いた。

翌年5月から第二次事業として、残りの8kmについても補修・拡幅が進められた。図面にない水道管、石油管、電線などが見つかり、撤去のため工期が遅れるという苦労もあったが、14年6月にポワ・ルー通りは完工。15年2月の竣工式には大統領も出席した。

工事中、同国の担当者が日本式の工程管理を学んだだけでなく、迂回路に車を誘導する、ほこりを抑えるため散水するといった周辺への配慮が高く評価され、日本の「質の高いインフラ」の周知に一役買った。交通渋滞も緩和し始めており、今は通りの名称も、住民アンケートで「コンゴ・日本大通り」に変わっている。

施設の全景

既存の施設エリアから新施設を見る

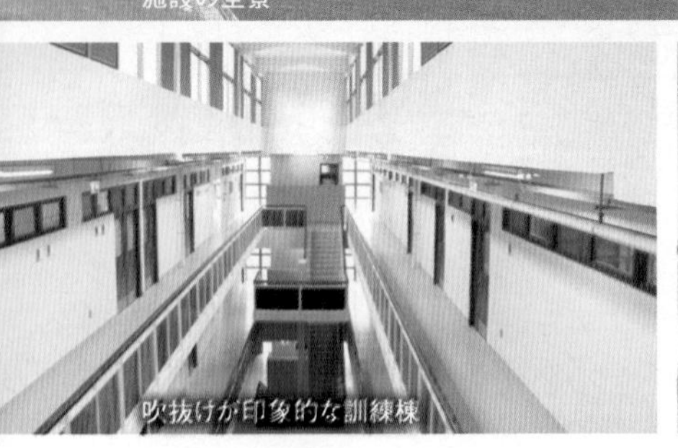
吹抜けが印象的な訓練棟

供与されたパソコン（PC実習室）

鉄筋工の勉強会の様子

産業人材育成の中核組織を強化

コンゴ民主共和国
キンシャサ特別州国立職業訓練校整備計画

コンサルティング：(株)オリエンタルコンサルタンツ*／(一財)海外職業訓練協会　共同企業体
施設建設：大日本土木(株)　機材調達：オガワ精機(株)

若者の失業率が極めて高いコンゴ民主共和国では、職業訓練を通じた社会復帰・就業支援が喫緊の課題である。雇用・労働・社会保障省傘下の国立職業訓練機構（INPP）キンシャサ校は、多くの訓練生を受け入れている同国唯一の訓練校であるが、指導員の高齢化に加え、機材の不足や老朽化などから収容能力が限界に達し、産業界が求める水準の技術指導が困難な状況になっていた。

これを受け、同国は2009年、日本に対して同校の環境整備を要請。これに応えて日本は無償資金協力を通じ、電気科、電子科、冷凍空調科の各実習室と教室、全科共通のコンピューター教室、多目的室を備えた訓練施設棟（3階建）と管理棟（2階建）を建設するとともに、その他の既存学科を含め訓練実習に必要な機材と電源供給路を併せて整備した。

2014年11月の完工に際しては、既存施設ゾーンと新施設ゾーンを分断していた既存建物の一部を撤去し、中庭を一体化するとともに、歩行者を中心とした動線に配慮した再開発を行い、新INPPキンシャサ校が誕生した。

なお、訓練棟については、建物自体が訓練実習の良い教材となるよう、給排水や電気設備の配管を廊下の上部に通したり、パイプスペースの扉にガラス窓を設けて内部を見える化したり、手すりに使用している木材の名前を表示するなど、さまざまな工夫をした。

今回の協力により、産業界のニーズに即した質の高い職業訓練が提供され、産業人材の輩出も進むことが期待される。

＊は現(株)オリエンタルコンサルタンツグローバル

ハトゥミア配水施設全景

有名なカッサラ山のふもとでの水源井戸の開発。新設された配水施設もこの山のふもとにある

設置された5基の配水ポンプ

導水管の敷設工事

竣工式の様子

配水施設の新設で すべての住民への給水を可能にする

スーダン
カッサラ市給水計画

コンサルティング：(株) TECインターナショナル／ (株)エイト日本技術開発／ OYOインターナショナル(株)
施設建設：(株)鴻池組

スーダンでは2005年１月に包括和平合意が締結され、20年以上にわたる内戦が終結した。また、2011年１月に行われた国民投票によって、南部スーダンが分離・独立したことから、同国の治安は安定を取り戻し、国土の復興が本格的に進み始めた。

東部のカッサラ州はこれまで人口が急増し、慢性的な水不足に陥っていた。特に、州都カッサラ市は給水施設や機材の老朽化も深刻で、全人口の約７割の世帯に給水管が接続されていたにもかかわらず、実際に給水サービスを受けられるのは約５割に過ぎなかった。さらに、頻発する断水のため、やむを得ず民間の水売り人から高価な水を購入せざるを得ない住民も約３万9,000人に上っていた。

今回、21本の井戸とハトゥミア配水施設（配水能力１万5,400立方メートル／日）が改修・建設された上、導水管（12.1キロメートル）と配水本管（6.3キロメートル）も敷設されたことにより、同市の全住民にあたる20万5,000人が年間を通じて安全な水を享受できるようになった。

さらに、一人一日あたりの給水量が60リットルから90リットルに増加したほか、塩素消毒された衛生的な水の給水率も43％から80％に改善されるなど、カッサラ市の住民にとって水の利便性が質量ともに大きく改善された。

エントランス・ホール

養殖普及センター棟

建設された母子保健病棟全景

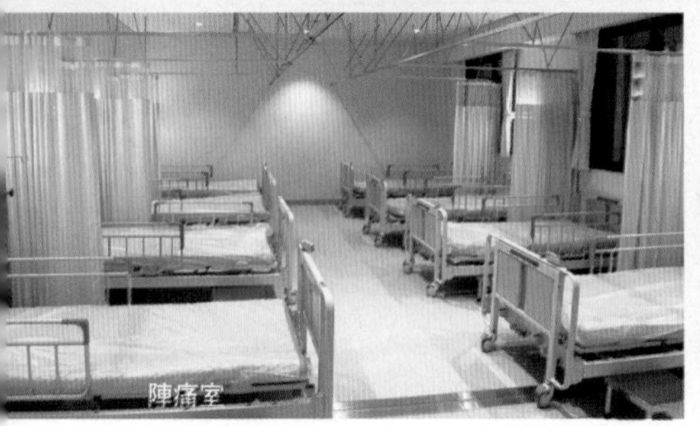
陣痛室

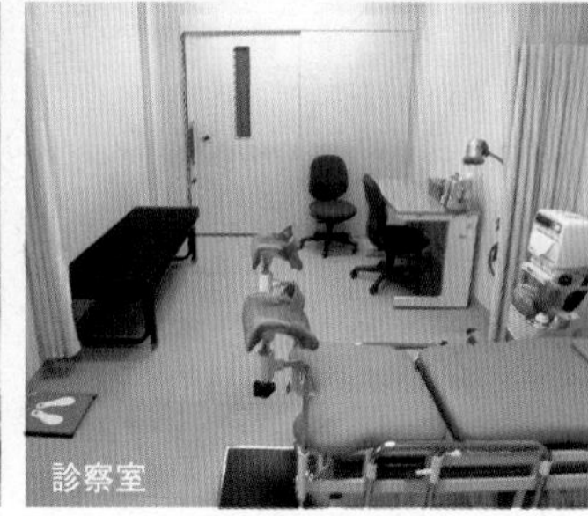
診察室

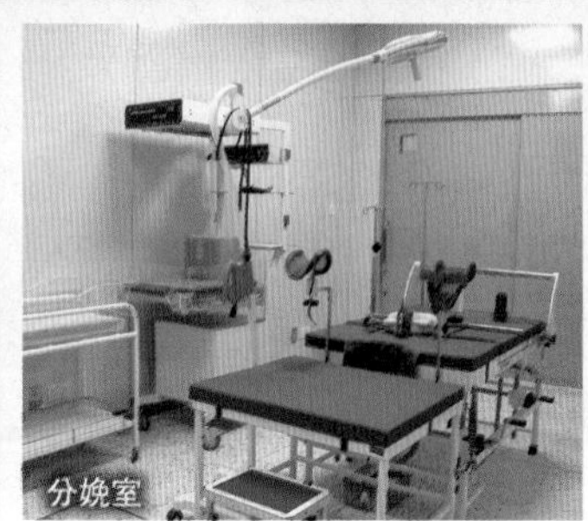
分娩室

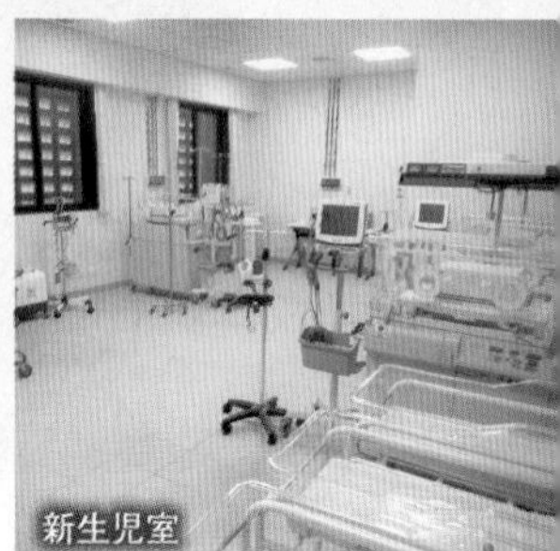
新生児室

首都郊外の人口集中地域に母子保健の拠点を建設

—現地で求められた質の高い施設—

本プロジェクトは、30数年ぶりのスーダンにおける建築分野の援助案件として実施された。2018年11月に現地で開かれた施設の引き渡し式から戻ったばかりのコンサルタント業務主任、西山謙太郎氏に話を聞いた。

——まずはプロジェクトの内容についてお聞かせください。

西山：ウンバダというハルツーム州の中で最も人口が多いローカリティ（郡）に、2階建ての母子保健病院を建設しました。病院として適切な環境の下、産前検診から分娩、手術、産後のケアまですべてを行えるもので、これら機能に応じて機材も納入しています（施設概要と納入された機材は別表を参照）。この施設は、医学生の実習にも活用される予定です。

ウンバダ郡には、220床を有する唯一の総合病院がありましたが、構造上の問題で建物が崩壊寸前となり運営を停止してしまいました。このため2014年の現地調査時には、この地域に総合病院が一つもありませんでした。

当郡の年間分娩数は約4,500件と推測され、医療施設で安全に分娩することが求められる中、産科を診る病院が一つもないのですから、母子保健病院の建設は最優先の緊急課題でした。

——産科病院としてはどのようなレベルになりますか。

西山：第二次医療施設という位置づけですが、手術室や集中ケアの出切る新生児室を有し、年間5,000分娩に対応できますので、日本なら断然全国一の規模です。隣郡のオンドゥルマンには国トップの母子病院があるのですが、そこでは年間３万6,000人の赤ちゃんが産まれます。１日100人。すごいですよね。

また、現地からは「日本が造る清潔感のある、他と比べて質の高い病院にしてほしい」という期待を受けていたので、それも心掛けています。

引渡式における
浦林紳二駐スーダン特命全権大使のスピーチ

渡式内覧における
バシール大統領(中央、杖をついている)

総合トリアージ

病院スタッフの研修の様子

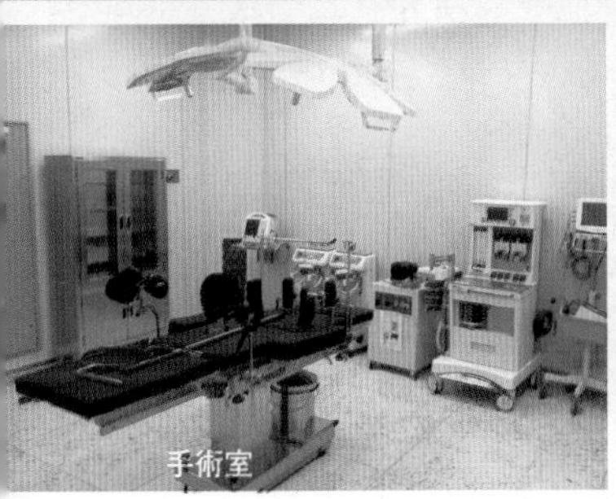

手術室

引渡式に集った病院スタッフに
囲まれる西山氏

協力対象事業の概要

母子保健病棟の施設(延べ床面積4,653㎡)	
階　層	部　門
1階	共用部、外来・検査部、分娩部、手術部、サービス部
2階	病室部、保健教育部、管理部
主な供与機材	
据付部門	機材の内容
共用部	待合イスなど
外来・検査部	胎児心拍陣痛計、超音波診断装置、産科検診台、心電計など
分娩部	保育器、新生児用患者モニター、超音波診断装置など
手術部	麻酔器(人工呼吸器付)、除細動装置、電気メス、手術台など
病室部	患者用ベッド(マットレス付)、輸液ポンプ、患者モニターなど
保健教育部	テレビモニター、プロジェクター、スクリーンなど

スーダン
ハルツーム州郊外保健サービス改善計画

コンサルタント業務主任
(株)コーエイリサーチ&コンサルティング 設計事業部 次長
西山 謙太郎氏

ハルツームの住民は、「少し遠くても、より整備された信頼できる病院で出産したい」と病院を選択するのが普通です。また、医者もいい環境で仕事ができた方が意欲が増しより長く働いてくれる可能性もあります。ですので、患者にとってだけでなく、医療従事者にとっても、「魅力ある病院」であるというのはすごく大事なことなのです。

――そのために設計や施工の段階で留意したことはありますか。

西山：妊婦のための病院という事で、段差のないバリアフリーとし、かつ検診や出産は1階の平面移動でアクセスできるよう安全性に配慮しています。また、医療従事者も患者もほぼ女性であることから、女性のための控室や便所など十分なスペースを確保しています。さらに、高温で乾燥し砂ぼこりの多い気候に対し、維持管理コストの少ない外壁の仕上げを行い、待合スペースなど込み合う公共スペースでは通風ブロックを用いた自然換気を採用しています。

医療器材は、スーダン側保健省や現地の医療従事者が望んだことでもありますが、ほとんど日本製です。日本の機材に対する信頼性は非常に高く、37年ほど前に日本の無償資金協力でイブン・シーナ病院では、当時の機材を今でも大事に使い続けています。当時は施設資材もかなり日本製品を採用しており、建具などはまったく壊れていない。丈夫であるべきところは、日本や欧州の質の良い材料を使うべきだと思いました。

――このプロジェクトの意義はどこにあると思いますか。

西山：ハルツーム州全体の分娩需要の25%を占めるウンバダ郡に、近代的な母子病院施設が出来たことで、州全体の母子保健医療サービスの範囲拡大と質が底上げされ、他地域の病院混雑の緩和など地域格差改善につながっていくことが期待されます。

竣工直後のマヘ港全景：右側のコンクリートが白くなっている岸壁、エプロン、およびその上の建屋が、今回整備された施設

竣工式で除幕された記念碑

上部工鉄筋挿入

竣工を寿ぐための樽酒が日本から運ばれた：左端はJICAケニア事務所の佐野所長

竣工式にて：左からOAFICの石本会長、セーシェル漁業公社（SFA）CEOのMr. Ronny Renaud、五洋建設の佐藤執行役員、SFA前会長のMr. Philippe Michaud、Vincent Meriton副大統領、Charles Bastienne漁業・農業大臣、在ケニア日本国大使館の片山公使参事官

零細漁業振興のため再度の漁港整備

セーシェル
第二次マヘ島零細漁業施設整備計画

コンサルティング：OAFIC（株）、（株）エコー
施設建設：五洋建設（株）

セーシェルは、ケニア沖に位置する115の島々からなる島嶼国だ。

総面積は日本の種子島とほぼ同じ約460㎢。周囲は沿岸漁業に適した海域となっていることもあり、主要産業は水産業（沿岸・沖合漁業やマグロ加工業）と観光業だ。水産業は、同国の輸出額の実に48％を占めている。

零細漁業による水産物の水揚げは、主に首都ビクトリアがあるマヘ島のビクトリア漁港で行われてきた。漁獲量が年々増えているものの、同港は拡張の余地が乏しい上、国家予算や海外からの投資が輸出向けの企業漁業に優先的に回されていることから、零細漁業を振興するには他の漁港を整備・拡張することが急務となっていた。そこで2008年、ビクトリアから約5㎞南に位置し、開発が進むプロビデンス地区に、日本の無償資金協力で新漁港と漁業関連施設が建設された。

今回のプロジェクトはさらなる増加が予想される利用漁船数に対応したプロビデンス港の再度の拡張・整備を目的としている。具体的には岸壁およびエプロンの拡張、連絡道路の舗装や街灯の設置などに加え、1日当たり10トンの氷を製造・貯蔵できる2階建ての製氷設備を建設した。この氷は、ビクトリア港の漁民にも供給される。

これにより両港を活動拠点とする零細漁民の作業環境が改善され、操業効率アップや生産量の増加が図られるとともに、漁港内の利便性と安全性の改善、地域に流通する生鮮水産物の衛生状態の向上も実現する。

2018年9月には現地で竣工式が行われ、同国の副大統領や漁業・農業大臣、在ケニア日本国大使館公使参事官、国際協力機構（JICA）ケニア事務所長など要人多数が列席した。今後の水産業の一層の発展に期待がかかる。

2018年12月号掲載

施設全景：高架水槽はシャトー・ドーと呼ばれ、村の発展の象徴となっている

完成した家畜用の水飲み場

パイプライン掘削中の現地ワーカー達

井戸掘削状況

完成した機械室

井戸掘削の「呼び揚水」に集まる子供たちと建設中のシャトー・ドー

15万人に安全な水を供給、衛生状況の改善や貧困削減にも寄与

セネガル
タンバクンダ州給水施設整備計画

コンサルティング：日本テクノ（株）
施設建設：（株）日さく

セネガル国の東部内陸部に位置するタンバクンダ州は、全国でも貧困人口の多い地域に属しており、安全な水へのアクセス率は30％程度と、全国平均72％（2007年）を大きく下回っている。同国政府は、安全な水の供給を主要な開発課題に位置付け、農村部の給水率を2015年までに82％に引き上げる方針を掲げており、「水と衛生のミレニアムプログラム」を策定して給水行政を進めている。この中で、深井戸給水施設の改修・拡張がわが国に要請された。

本事業は09年に２回の協力準備調査を実施し、要請のあった55サイトのうち、優先順位の高い19サイトを実施対象に選んだうえで、概略設計を行った。無償資金協力による給水施設の改修・拡張として、水源となる井戸、貯水槽、配管、公共水栓・家畜水飲み場・車両給水所、付属する機械室などを改修または新設するほか、老朽化した既存の水中モータポンプや発電機を更新する。井戸については新規掘削14カ所、改修10カ所に上る。

これによって、19サイトに住む住民約15万人を対象に、一人当たり１日35ℓの安全な水が適正な給水施設から供給されるようになるとともに、大型家畜5.5万頭、小型家畜8.4万頭にも水を供給することが可能になる。また、新規の井戸掘削によって給水施設の寿命が延びるほか、「住民主体の水利用者管理組合」活動を導入することで、持続的な運営・維持管理を実施する体制が整えられる。最終的には、村落住民の衛生状況の改善、水汲み労働の負担軽減、さらには貧困削減などが期待される。

完成した立体交差全景

施工中の立体交差の起点部分

完成後のタザラ交差点(夜間)

開通式(2018年9月27日)における①マグフリ大統領、②吉田雅治駐タンザニア特命全権大使(当時)、③長瀬利雄JICAタンザニア事務所長

交通の要衝を改善し経済成長を促進

タンザニア
タザラ交差点改善計画

コンサルティング：(株)オリエンタルコンサルタンツグローバル、(株)エイト日本技術開発
施設建設：三井住友建設(株)

タンザニアでは、幹線道路や鉄道など国内のほとんどの陸上交通が首都ダルエスサラーム市を起点にネットワークが形成されている。また、同市は国際空港やインド洋に面する天然の良港も有することから、内陸諸国へと続く国際回廊の入口としても重要な経済都市となっている。

その一方で、経済成長により、市内の自動車登録台数は年率7％ほどの伸びを見せており、幹線道路での交通渋滞が年々悪化している。今後も、人口の急増に伴い交通渋滞はさらに深刻化する可能性があり、経済成長を妨げる要因になると危惧されている。

このため同国政府は、日本に首都圏の交通網の改善を目的とした開発調査の実施を要請。その結果、交通マスタープランが策定され、優先プロジェクトが選定された。その中で、緊急性が指摘されたのが、タザラ交差点の改善であった。

この交差点は、港からの輸送に最も重要な幹線道路であるネルソン・マンデラ道路と、空港と市内を結ぶニエレレ道路の交差地点である。付近には工業地帯があり、交通量は非常に多く、慢性的に渋滞が発生している。

本プロジェクトでは、ニエレレ道路方向に延長425m・幅員8.5mの跨道橋と、延長270mの取り付け道路をそれぞれ2連、建設した。同国初となるこの立体交差点の完成により、交通の円滑化と、交通事故の減少、さらには大気汚染の問題や周辺地域の生活環境の改善が期待されている。

開通式では、2015年の着工から無事故で竣工に至ったことなどに対し、同国のマグフリ大統領とダルエスサラーム市民の代表から謝辞が述べられた。今後は、連結性が強化されたことにより、周辺国の経済発展にも大いに寄与することが期待される。

2018年11月号掲載

足踏み式ポンプ

井戸削孔状況

高架水槽(施工中)

高架水槽(完成)

ソーラー給水施設

7万人以上に安全な水を提供

トーゴ
マリタイム及びサバネス地域村落給水計画

コンサルティング：(株)三コンサルタンツ
施設建設：(株)日さく／ (株)利根エンジニア 共同企業体

総人口575万人を抱える西アフリカの小国トーゴは、1991年に「国家給水設備10年計画」を掲げ、2000年までに全国で1万99カ所の深井戸を建設する計画を策定した。しかし、財政難や政治的混乱などの影響から、2000年の目標達成率は40%程度にとどまった上、村落部や準都市部における平均給水率は2010年時点で約43%と低いままだ。

こうした地域では、大部分の住民が手掘り井戸や浅井戸など、非衛生的な水源を使用せざるを得ず、安全かつ十分な量の飲料水の確保は差し迫った課題だ。そのため、同国政府は08年8月、給水率が全国平均を大きく下回る地域での給水施設を新設・改修するための無償資金協力を日本に要請した。

今回の協力では、北部のサバネス州で100カ所の人力ポンプ付き深井戸施設（レベル1施設）と10カ所の動力ポンプ付き小規模給水網施設（レベル2施設）を新設するほか、マリタイム州で日本がこれまでに建設した50カ所のレベル1施設を改修し、両州でこれら給水施設の運営・維持管理や衛生に関する啓発活動を行った。

サバネス州の施設新設によっては約5万9,000人があらたに安全な水を利用できるようになった。さらに、マリタイム州での施設改修は約1万2,500人の安全な水の確保につながり、併せて対象地区全体の37%が今回のプロジェクトから便益を受けたことになる。これにより、衛生状態の改善とともに、児童や女性の水汲み労働の負担軽減と、それに伴う就学・就業率の向上が期待されている。

改修されたアポ変電所

アポ変電所開所式（2018年4月12日）：
草桶左信駐ナイジェリア特命全権大使（当時）と
握手するFashola電力大臣

ケフィ変電所設置工事

ケフィ変電所設置工事

首都への安定的な電力供給のために

ナイジェリア
アブジャ電力供給施設緊急改修計画

コンサルティング：八千代エンジニヤリング（株）
施設建設：豊田通商（株）、（株）日立プラントコンストラクション
機材製作：日新電機（株）

アフリカ最大の経済大国であるナイジェリアでは、電力需要が最大1万2,500メガワット（MW）と推定されている一方、発電可能設備容量は6,400MW（2015年）に留まっている。このため、計画停電が日常的に行われており、全系統停電の事故も頻発している。

さらに、送電網の整備も十分に進んでおらず、ピーク時の供給量は4,880MW程度と発電可能設備容量を大きく下回る。これは、変電設備の能力不足もさることながら、「無効電力」の割合が高いことも大きな要因である。

無効電力は、機械などを動かす際には消費されず、増えると電圧の低下を招く。無効電力は長距離送電時にはその幅が増加するため、発電施設から遠い首都アブジャやその周辺地域では、1日平均8時間程度しか電力を供給できていない地域もある。

同国政府は、国家開発計画で電力・運輸のインフラ整備を最優先課題の一つに掲げており、アブジャ連邦首都区と隣接するナサラワ州に送電を行なっているアポ変電所とケフィ変電所に対し、無効電力を制御して系統電圧を一定に保つ電力用コンデンサ設備を導入するため本計画を策定し、支援を日本政府に要請してきた。

今回のプロジェクトでは、豊田通商が主契約者として契約全体の取りまとめを担当し、日新電機がタンク型コンデンサ設備を含む受変電設備一式を供給、日立プラントコンストラクションは現地の土建・据付工事を実施した。

これによって、この地域の送電損失が大幅に削減され、新たに約7,000世帯に安定的な電力供給が可能となった。また、送電系統の電圧低下が改善されるなど質の良い電力供給が可能となり、同国の経済活動や首都圏の市民生活の改善に大きく寄与することになる。

2018年12月号掲載

井戸建設後の村人の給水風景

家畜にとっても大切な井戸水

井戸の掘削

安全な水を届けるための井戸を整備

ブルキナファソ
第二次中央プラトー及び南部中央地方飲料水供給計画

コンサルティング：日本テクノ（株）
施設建設：鉱研工業（株）

ブルキナファソは地域間の給水率の格差が大きい。特に給水施設のない村落部では、生活用水を手掘りの浅井戸や河川の流水といった不衛生な水に依存しており、水因性疾患の原因となっている。また、長時間の水くみ労働は主に女性や子どもの負担となっており、住民の経済活動や教育に深刻な影響を与えている。

こうした状況を受けて、同国は安全な水の供給を重点課題の一つに位置付け、2006年に「飲料水・衛生国家計画(PN-AEPA)」を策定。農村部の安全な水へのアクセス率を52%（05年）から76%（15年)に引き上げることを目標に定めた。

PN-AEPAを遂行するため、同国では農業水利省・水資源総局主導の下、地方自治体やドナーなどが協調して給水と衛生改善に取り組んでいる。

本事業でもPN-AEPAの目標達成に貢献するため、同国の中央プラトー地方と南部中央地方において、それぞれ137カ所、合計274カ所にハンドポンプ付き深井戸給水施設を建設した。

この事業は2013年に始まり、16年に全ての施設の建設を終えた。また、その先行事業として12年に完工した第一次計画では、同地域において299カ所の深井戸の建設を支援した。

さらに同国は土木工事だけでなく、住民が主体となって給水施設の運営維持管理も行う方針を打ち出していることから、本事業ではその体制構築のための研修などに協力。住民への衛生啓発活動も実施した。

安全な水へのアクセス改善に貢献することで、水因性疾病の患者の減少や、水くみ労働の短縮に伴う女性や子どもの就業・教育機会の増大が期待されている。

MADAGASCAR

新しい教室、新しい机で勉強する

竣工式で小笠原特命全権大使と村上JICAマダガスカル事務所長に謝辞を述べるラジャオナリマンピアニナ大統領（当時）

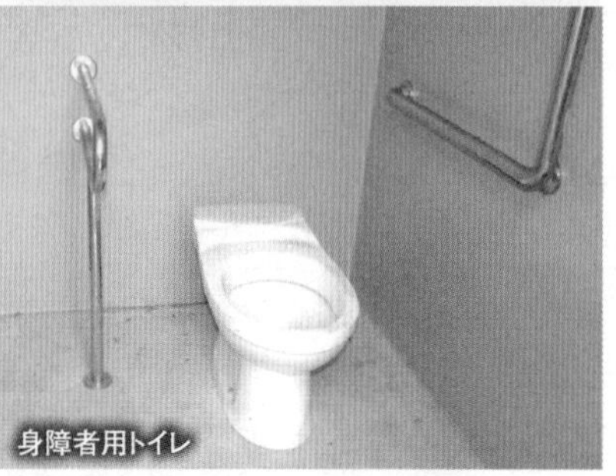
身障者用トイレ

新設の小学校校舎の一例。22校で92教室が建設された

1万1,000人の児童に快適な教育環境を提供

女子の就学率向上に期待

マダガスカル政府は、最も注力すべき分野の一つに初等教育の環境改善を掲げている。そうした中で、同国の小学校における教室数および児童数は2001年時点の4万8,394室、230万7,000人から、13年にはそれぞれ9万8,863室、448万5,000人へと約2倍の伸びを示した。

その一方で、教室の1割以上が教育環境の劣悪な仮設教室である他、通学路も未整備で雨期には通学が困難となる児童が多いなど、問題も山積していた。

日本政府は2009年、教育環境の改善を目的とした無償資金協力の予備調査に着手した。しかし、直後に起きた政変により予備調査後に実施されていた準備調査は中断。13年に民主的プロセスに沿った大統領選挙が実施されたことで、調査はようやく再開された。

本計画では、要請のあった小学校50校のうち、準備調査で優先度が高いと判断された22校を対象に、教室や校長室、男女別トイレなどの建て替えと増設を行った。対象となった22校の教室数は約90室から約180室に増え、約1万1,000人の児童が恩恵を受けている。また、トイレを男女別に分けたことで、女子の就学意欲の向上も期待されている。ソフト面の支援としては、学校運営委員会（FEFFI）と保護者会（FRAM）の連携強化を通じて施設の維持管理に対する意識の向上を目指している。同国では2009年の政変で政府からの資金が滞ったこともあり、多くの学校でFEFFIは機能不全に陥っていた。だが、各家庭からの協力で小学校の維持管理費を賄っていたことから、FRAMとの連携強化を通じてFEFFI主体の学校運営の促進を図っている。

2019年3月号掲載

平らに均した基盤に土のうを敷き、一つ一つを転圧して固い層を構築する

側溝を植栽で補強する

土のうの上に土を被せてさらに転圧する最終工程

雨期の道路のぬかるみ

作業を指導する田川氏

完成した通学路

マダガスカル 第四次小学校建設計画

コンサルティング：(株)毛利建築設計事務所
調達代理：(一財)日本国際協力システム

住民自ら通学路を整備

本計画では、FEFFIとFRAMの連携強化を通じて施設の維持管理に対する意識の向上を図るため校長やコミュニティー長、地域住民などを対象に研修や講習、住民集会などが開催された。加えて、一部の学校では住民参加による通学路の整備も行われた。通学路整備は、開発途上国でも材料を入手しやすい土のうで悪路を整備するプロジェクトを実施している認定NPO法人「道普請人」が全面的に協力した。専門家の派遣だけでなく、資材調達のための資金の一部も拠出している。

作業は18年８月から約１カ月間という短い期間で行われ、道普請人から派遣された田川満男専門家の指導の下、周辺住民やFEFFIとFRAMの関係者が土のうを作って並べ、通学路を平坦に整備していった。田川氏によれば、住民は自発的·積極的で、作業手順の理解も早く、極めて勤勉であった。毎日の作業終了後に配布される米・豆・油を受け取る住民の笑顔がとても印象的で、プロジェクト終了時に投げキッスで感謝の意を表してくれたことには感激したとのことだ。

COLUMN 「道普請人（みちぶしんびと）」について

京都大学大学院・工学研究科の木村亮教授とその弟子である宮崎大学工学部の福林良典准教授が2007年に設立した特定非営利活動法人。木村理事長が、簡単な技術で開発途上国の人々を幸せにする方法を模索する中、土のうの耐荷力と作りやすさに着目し、道路整備に活用する手法を開発した。道普請人は、これまでアジア、アフリカ、大洋州など27カ国(2018年末現在)で現地住民と道を直し、また住民がその技能を身に付け起業する道路整備プロジェクトを実施している。

建設中のプロジェクト全景

起工式におけるムタリカ大統領の演説

マラウイ大学工学部の学生が現場を見学

シミュレーター操作による管制官育成の様子

より使いやすく、より安全な空港へ

マラウイ
カムズ国際空港ターミナルビル拡張計画

コンサルティング：(株)ジャイロス、(株)江平建築事務所、日本工営(株)共同企業体
施設建設：丸紅プロテックス(株)　機材調達：日本電気(株)

カムズ国際空港は、アフリカ南東部にあるマラウイの首都、リロングウェに位置する。1983年に日本の円借款によって開港し、年間約30万人が利用する空の玄関口だ。2025年には利用者数が46万2,000人に達すると見込まれているが、老朽化が進んでおり、ターミナルビルの拡張・改修と設備の増強が必要となった。

そこで、マラウイ政府は厳しい財政状況を踏まえて日本に協力を要請し、15年11月、無償資金協力プロジェクトが始動した。これは、既存のターミナルビルの改修とともに新たに3棟のビルを増設し、旅客の収容能力を大幅に拡大するものだ。加えて、チェックインカウンターや保安検査場、手荷物引渡所なども拡充するほか、荷物検査用のX線装置や金属探知機、高所作業車など、空港内で必要となる最新の機材も導入・整備される。

さらに、航空レーダー（航空機監視システム）の整備と管制官の育成も見逃せない。カムズ国際空港の航空レーダーは、老朽化のため2000年ごろに運用を停止しており、以降はレーダーを使わずマニュアルでの航空管制が行われていた。そこで空港の拡張と同時に、航空機監視用の航空管制レーダーを設置し、技術協力プロジェクトによってレーダーを運用する管制官および技術者の育成にも取り組む予定だ。航空機の安全確保は、空港の運営に欠かせない。

マラウイ政府は、航空分野を同国の経済成長に資する運輸基盤と位置付けており、このプロジェクトに大きな期待を寄せている。プロジェクトは2019年に完了し、生まれ変わった空の玄関口がマラウイ側に引き渡される予定だ。

完成したバフィン橋全景

大統領が出席した起工式：帽子の女性は中川大使

工事の様子

完成した取り付け道路

高い開発ポテンシャルを秘める地域の国際道路を整備

マリ―セネガル
第三次マリーセネガル南回廊道路橋梁建設計画

コンサルティング：株式会社 片平エンジニアリング・インターナショナル
施設建設：大日本土木(株)

内陸国のマリ共和国にとって、対外貿易を行う国際道路は不可欠である。しかしながら、マリとセネガルを結ぶ国際道路はこれまで十分に整備されておらず、両国の間にはマリ北部のカイ市を経由する北回廊道路とダカール・ニジェール鉄道しかなかった。このため、ダカール・バマコ間の国際道路の強化が必要とされていた。

このような状況下で、マリ国およびセネガル国は、南回廊の道路整備について他ドナーに対して支援を要請するとともに、南回廊上に位置する橋梁建設については日本政府に支援を要請した。

これを受けて日本政府は、無償資金協力によりファレメ橋（国境橋）、バフィン橋（マリ国内）およびバレ橋（マリ国内）を整備することが妥当と判断し、施工を開始。ダカール〜バマコ間の国際幹線道路網の強化に着手した。

また、南回廊が通過する地域は、鉱物資源としての金鉱山、観光資源としての国立自然公園、肥沃な土壌と恵まれた水源による高い農業ポテンシャルがあるにもかかわらず、両国の最貧困地域となっているが、南回廊の開通により大きな飛躍が期待されている。

当プロジェクトは３橋目に当たるバフィン橋の施工であり、2009年12月施工業者契約、2011年11月に完成を迎えた。ちなみに、バレ橋は2010年２月、ファレメ橋は2011年７月の完成であった。当バフィン橋梁は、橋長：237.80m、総幅員：10.00mで、橋梁形式：７径間連結合成PCＩ桁橋。橋台：２基、橋脚：６基、杭：36本である。

鈑桁設置完了（左岸側）

仮設桟橋上での作業。作業員全員ライフジャケット、安全帯を着用しての作業

左岸側鈑桁設置完了、社員・作業員で記念写真

全旋回による
ケーシング挿入状況

鈑桁設置前安全設備設置状況

右岸側A2橋台より現場全景

ロータリーパーカッションによる
締切箇所止水作業

新しい橋で国全体の発展を後押し

南スーダン
ナイル架橋建設計画

コンサルティング：（株）建設技研インターナショナル
施設建設：大日本土木（株）

南スーダンは物資の多くを輸入に頼っているため、首都ジュバと国際貿易港であるケニアのモンバサ港を結ぶ２つの輸送路の整備が重要課題となっている。そのうちの一つ「ジュバ―ニムレ道路」は、途中でナイル川に架かる橋を渡るが、1974年製の仮設の橋で耐久性に問題がある。損傷事故も起こっているため大型車両は徐行して通過しなければならない。

南スーダン政府から協力の要請を受けた日本政府は、ナイル川に新しい橋梁を建設してジュバ―ニムレ道路から「C-3道路」を分岐させ、モンバサ港から延びるもう一つの輸送路とつなげることを提言した。C-3道路が完成すれば、大型車両の通行がスムーズになって時間が短縮できる上、ジュバに流入する車両を分散することで、渋滞の緩和も見込まれる。新橋梁でナイル川を横断する際の速度は、従来の毎時20kmから３倍程度に上がり、交通容量も倍増するとの試算もなされている。

さらに、橋梁や道路の新設はジュバだけでなく、南スーダン全体の発展に寄与するとの期待も高い。独立に伴って、同国内の道路沿線では住宅地や商業地の開発が進んでおり、物流の安定供給が担保されれば、生活改善や郊外と都市部の格差の是正につながる。

本事業では、C-3道路のうちナイル川に架かる新橋梁と、両端50mの取り付け道路を建設する。道路は上下２車線で、歩道も付けられる。15年６月に起工式が行われ、現地では日本側から技術指導を受けながら、約100人の南スーダン人が工事に当たった。当初は３年後に完成を予定していたが、途中2度の工事中断を余儀なくされた。19年5月に工事再開を予定しており、完成が見えてきている。

新規作成

正面入り口外観（夜景）

講堂内観

スラブ配筋の検査

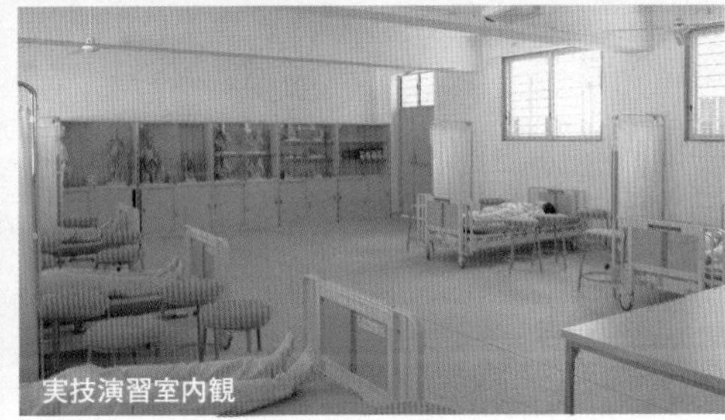
実技演習室内観

授業風景

充実した施設で医療従事者を育成

モザンビーク
マプト市医療従事者養成学校建設計画

コンサルティング：(株)マツダコンサルタンツ、インテムコンサルティング(株) 共同企業体
施設建設：大日本土木(株)
機材調達：日世貿易(株)

中モザンビークでは、20年以上前から医師・看護師・助産師をはじめとする医療従事者の育成に取り組んでおり、首都マプトを含め全国に４ヵ所の医療従事者養成学校がある。しかし、マプトの既存養成学校では1,000人以上の学生に対応できるほどの教室や機材はなく、十分な教育が実施されていない状況である。

そこで、同国政府は養成学校を新設し、一部の機能を旧校舎から移転することを計画。この計画を日本政府が無償資金協力を通じて後押しすることで、2014年６月、両国の間で合意がなされた。新校舎は定員を900人に設定し、看護師・助産師・医療技師・保健師・臨床検査技師・薬剤師・歯科技師・機材メンテナンス技師の８コースを実現するために、各コースの実習室と一般教室、図書室、食堂、セレモニー用の講堂、男女別の学生寮などを建設した。

機材としては、介護実習用の模型、出産シミュレーター、双眼顕微鏡、歯科演習用機器、病院実習の送迎用バスなどを調達し、さまざまなケースに対応した質の高い保健・介護実習ができるよう配慮した。施設や機材の充実により、学生の学習環境だけでなく、教員の労働環境の改善にもつながっている。

新設の養成学校は2016年７月に完成し、機材メンテナンス技師コースでは、日本が提供した除細動器シミュレーターや小型オシロスコープで動作確認・修理などの実習を行っている。同国政府は、保健分野で質の高いケアと利用者のニーズに合わせたサービスを提供する方針を掲げており、新設された養成学校で学ぶ生徒たちに大きな期待を寄せている。

施設全景

大教室全景

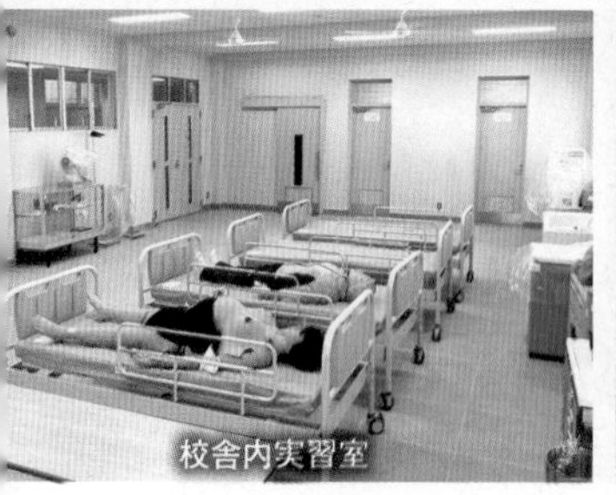
校舎内実習室

大教室(200名)

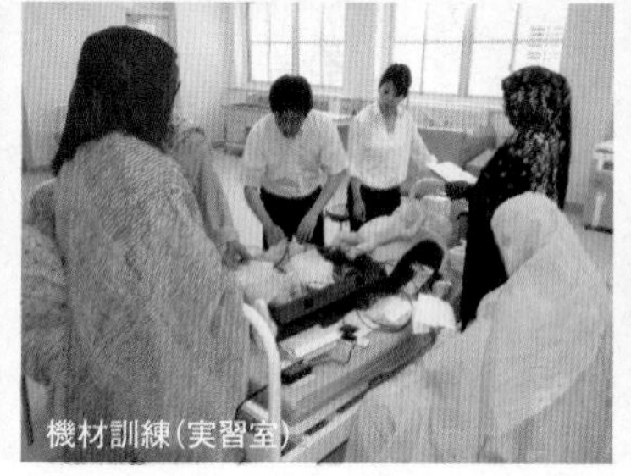
機材訓練(実習室)

アジズ大統領や清水久継特命全権大使が出席した大教室（200名）機材訓練(実習室）竣工式(2018年5月)

保健医療を支える人材の育成を強化する

**モーリタニア
国立ヌアクショット公衆衛生学校拡張・機材整備計画**

**コンサルティング：(株)コーエイリサーチ&コンサルティング(KRC)※
ビンコーインターナショナル(株) 共同企業体
施設建設：岩田地崎建設(株)　機材調達：日世貿易(株)**

※受注時は「システム科学コンサルタンツ(株)」

モーリタニアは西アフリカに位置し、国土の大部分がサハラ砂漠となっている。一人当たりのGNIは1,270米ドル（世銀、2014年）、人間開発指数は187カ国中155位（世銀、2012年）で、世界で最も貧しい国の一つだ。

同国の保健状況は、妊産婦、乳児、５歳未満児の死亡率が周辺の国々と比べても高い数値を示すなど劣悪な状況にあり、持続可能な開発目標(SDGs)の達成も危ぶまれている。そうした中、保健人材の育成は急務であるが、その中心的機関である国立ヌアクショット公衆衛生学校(ENSP)は、定員370人に対し850人の生徒が在籍しているため、施設や機材が不足して教育の量・質がともに確保できていない。

本計画では、ENSPの施設を拡充し、教育機材を整備した。施設では、新校舎、大教室、食堂、電気・機械棟など延べ床面積4,071㎡を建設し、教育機材では、医療訓練用シュミレーション機材や遠心分離器などの実験機材等を整備した。これによりENSPの生徒数は約1,200人まで増やすことが可能となった。

校内での実習時間も大幅に増やすことができ、これらから適正なカリキュラムが確保できる見込みである。さらには、これまで実施できなかった上級保健技師の育成も可能となっており、保健医療サービスの現場が求める人材の育成に大いに貢献することが期待されている。本計画は、本年４月末に竣工し、５月９日にモーリタニアのアジズ大統領および日本国の清水久継特命全権大使の出席による竣工式が行われた。

架け替えられた橋梁全景

ソマリアドライブ全景

橋梁完成時の渡り初め式（2017年11月24日
橋を渡るエレン・ジョンソン・サーリーフ前大統領と
吉村 馨特命全権大使）

竣工式（2018年5月30日
テープカットするジョージ・ウェア大統領、
左側は姫野 勉特命全権大使、
右側はモブツ・ニェンパン公共事業省大臣）

PC桁の移動

レッドライトエリアの舗装

大学生インターンを指導

幹線道路を整備し内戦からの復興を支援

**リベリア
モンロビア首都圏
ソマリアドライブ復旧計画**

**コンサルティング：（株）片平エンジニアリング・インターナショナル、
施設建設：大日本土木（株）**

西アフリカの赤道近くに位置するリベリアは、2002年まで14年にわたる内戦に見舞われた。その後、帰還難民や国内避難民の定住によって、首都モンロビアの人口は内戦前の２倍以上となり、交通量も激増した。

中でも、首都圏の主要幹線道路の一つであるソマリアドライブは、多数の支線道路やコミュニティ道路が接続し、首都と他の地区を結ぶ重要なアクセス手段となっている。しかし、２車線分しか舗装されていない上、内戦による損傷も大きく、渋滞が頻発するため、早急な対策が求められていた。

日本は、2013年6月に行われた第５回アフリカ開発会議（TICAD V）でアフリカ諸国のインフラ整備のための協力を強化すると表明したが、本計画はその一環である。全長13.2kmのソマリアドライブを２車線から４車線に拡幅し、舗装を行った。また、老朽化の著しかった橋梁も架け替えた。これにより、ソマリアドライブの移動にかかる時間は従来の60分から20分に短縮されることになった。さらに歩道や中央分離帯、道路標識、排水用の側溝を新たに設置し、17カ所に及ぶ交差点も改良するなど、運転者と歩行者の双方が安全、かつ快適に使用できる道路に生まれ変わっている。

14年８月に起こったエボラ出血熱の流行で、事業が一時中断したこが、18年５月に無事竣工式を迎えた。当日はソマリアドライブでマラソン大会が行われ、その後、リベリアのウェア大統領やサーリーフ前大統領など要人が竣工を祝った。本計画が完了後、第二次復旧計画も始動し、一部路面の補修が引き続き実施されている。

出席した要人（左から）
高田浩幸JICAルワンダ事務所長、ガツィボ郡副市長、三原朝彦衆議院議員、
宮下孝之 駐ルワンダ特命全権大使、エネルギー・水担当大臣、山際大志郎衆議院議員、
水・衛生公社 副CEO（施主）

公共水栓を囲んで行われた竣工式典

工事前の水くみ場

塩素注入室（前）、
コントロール室（奥）

調整池（左）、コントロール室（右）

配管路掘削作業

作業前ミーティング

給水施設を整備し、安全な水を届ける

ルワンダ
第三次地方給水計画

コンサルティング：日本テクノ（株）
施設建設：（株）利根エンジニア

ルワンダでは政府の定住化政策もあり、多くの国民が水源の乏しい丘陵地域に住んでいる。水源となる湧水や河川の水質の問題に加え、遠方への水汲みが住民の経済活動の活性化を阻む要因となっている。

同国政府は、2000年に策定された国家開発計画「ビジョン2020」の基本方針の一つとして「インフラの整備」を掲げ、その中で安全な水へのアクセス率は、2017年までに100%とする目標を設定している。

同国でも特に東部県の給水率は2011年時点で66.6%であり、全国平均値の74.2%と比べて低い水準にある。

本事業では、同県における給水サービスへのアクセス向上に貢献するため、給水施設の整備と、施設の維持管理能力の向上を目的とした技術協力を実施した。具体的には、同県のカヨンザ郡、ンゴマ郡、ガツィボ郡を対象に、湧水取水施設や深井戸施設、集水槽、配水池などを建設するとともに、送配水管や公共水栓を設置した。

約1年8カ月間の施工期間を経て、2017年7月にはガツィボ郡で完工式が行われた。本事業によって、対象地域の住民約3万3,000人が新たに安全な水を利用できるようになった。また、本事業は2006年度に始まった東部県における地方給水プロジェクトの第3フェーズにあたり、第1、第2フェーズと合わせると合計13万1,000人が安全な水の供給を受けられるようになった。

2013年に開催された第5回アフリカ開発会議（TICAD V）で、日本は「1,000万人に対する安全な水へのアクセス及び衛生改善」のための協力を表明しており、本事業はこの支援策を具現化するものである。

2018年5月号掲載

北米・中南米

ラグーンから見た建設当時の施設全景（2011年7月）

ハリケーン被災後、復興拠点となった水産複合施設（2017年9月）©Adam Anton

水産センターはハリケーンによる損傷がほとんどなかった（2017年9月）

警察宿泊所として使われる多目的集会室（2017年9月）

被災したレストラン（2017年9月）

水産センターから見た被災後のバーブーダ島全景（2017年9月）

ハリケーンから島民を守った漁業施設

アンティグア・バーブーダ
バーブーダ島零細漁業施設整備計画

コンサルティング：システム科学コンサルタンツ（株）※、（株）センク21　共同企業体
※現社名は「（株）コーエイリサーチ＆コンサルティング（KRC）」
施設建設：岩田地崎建設（株）

2017年９月８日、カリブ海の島嶼国アンティグア・バーブーダを、最大瞬間風速82mという特大級のハリケーン・イルマが襲った。バーブーダ島では建物の99％が壊滅したとの報道もある中、本案件で建設された水産複合施設は災害を免れた唯一の公共施設であったと、被災翌日、現地からＫＲＣに連絡が入った。同施設はイルマ来襲時、島民のシェルターとして機能したという。

水産業が盛んな同国では1990年代以降、日本の無償資金協力によって本島のアンティグア島に水産関連施設と魚市場が整備されてきた。そして2011年、ロブスター漁が盛んなバーブーダ島に、輸出に対応できる漁獲物処理場や水揚げ桟橋、漁民支援施設を建設したのが、本案件による水産複合施設だ。桟橋を高潮の影響を受けにくいラグーン内に設けたほか、施設の床の位置を過去のハリケーン時の水位より高くするなど、防災対策を徹底していたことで、イルマの襲来にも耐えられた。

ハリケーンが去った後、この水産複合施設は救援物資の搬入や備蓄倉庫、また警察や軍の駐屯地として、バーブーダ島の災害復興基地の役割を果たしている。冷蔵庫・製氷機も問題なく使用できる状態であり、同島の復興のシンボルとして本施設の早期の使用再開が水産局により検討されている。

同施設は、2017年に開かれた世銀・ＩＭＦ年次総会の防災イベントで、SDGsおよびパリ協定、G7伊勢・志摩サミットにて合意された「自然災害のリスクに対する強靱性が確保される質の高いインフラ投資」の重要な事例として、国際協力機構（JICA）の長谷川浩一理事より紹介された。および域内経済の活性化につながることが期待されている。

漁民訓練、浮魚礁設置作業などに活用される多目的船

監視レーダーのアンテナ

監視レーダーの操作指導

更新された冷蔵庫

中層浮魚礁の設置作業

引渡しセレモニーは同国で大きな注目を集めた

水産業をもう一つの産業の核にする

アンティグア・バーブーダ 水産関連機材整備計画

コンサルティング：OAFIC(株)
機材調達：日東製網(株)

アンティグア・バーブーダでは国内総生産（GDP）の約6割を観光産業が占めており、国家経済は観光客の増減によって左右される。そのため、同国政府は産業の多様化を模索しているが、その一つが、自国資源を有効活用する水産業の開発だ。

日本はこれまで、無償資金協力による水産施設や機材の整備のほか、専門家派遣などによる技術協力で、同国の水産業を支援してきた。しかし、近年は、機材の経年劣化に伴い、氷や鮮魚の保管スペースが不足しており、水産物の水揚げ量や流通量が停滞。国内需要も満たしていない。

一方、同国政府は、沿岸での過剰漁獲を制限するため、沿岸底魚漁業から沖合浮魚漁業への転換を図っている。さらに、水産資源の適正な管理を行うために、新たな水産規則を設定し、漁業管理機能を強化しようとしている。

今回のプロジェクトでは、過去にわが国の無償資金協力で整備された4つの水産センターの水産関連の機材（製氷機、冷蔵庫、給水関連機材など）を更新／拡張した。また、新たなニーズが確認された漁業管理に関する機材（監視レーダー、VHF無線、中層浮漁礁、多目的船など）も設置・導入した。このような機材整備によって、①年間の氷販売量の増加（1,140トン→2,000トン）②中間浮漁礁への年間入漁魚船数の増加(0隻→700隻)③違反船の年間探知回数の増加（0回→200回）④監視レーダーの可動日数の増加（0日→365日）、などの効果が期待できる。こうした取り組みは、同国の水産業の発展に大きく寄与するものとなる。

2018年9月号掲載

橋梁の標識には両国の国旗

完成したサンタフェ橋

橋脚の工事

国際幹線道路の橋梁を建設し貧困地域の開発を促進

ニカラグア
サンタフェ橋建設計画

コンサルティング：セントラルコンサルタント（株）
施設建設：（株）安藤・間

ニカラグアは中米地域で最も面積が広い国であるのと同時に、ハイチに次ぐ貧困国でもある。自然災害や内戦の後遺症で橋梁を含む同国の道路インフラは劣悪な状況にあり、物流に大きな支障をきたしている。毎年のように発生する洪水によって幹線道路や橋梁が被害を受けることもあり、道路の舗装率は中米地域で最も低い。物流

インフラの整備の遅れは、同国の経済発展の大きな足枷となっている。

今回のプロジェクトで建設されたサンタフェ橋が架かるアコヤパ～サン・カルロス～コスタリカ国境街道は、ニカラグア中央の農業地帯を縦断する唯一の幹線道路であり、ホンジュラスの首都テグシガルパからコスタリカの首都までをつなぐ国際道路でもある。この道路のうち、アコヤパから北側は整備されているが、貧困層が多く住むアコヤパから南の区間はほとんどが未舗装である上、同街道がサンファン川と交差するサンカルロス市内の地点にはこれまで橋梁がなかったため、渡河の手段がフェリーしかないことが、物流の大きなボトルネックとなっていた。

今回、この地点に建設されたサンタフェ橋は、主橋梁部延長250m、総幅員11.8mの国際幹線にふさわしい橋梁である。この橋梁が完成したことにより、ニカラグアとホンジュラス、コスタリカ三国間の物流が円滑になるだけでなく、中米地域全体の経済発展にも大いに寄与する。それに伴い、開発の遅れていた周辺地域の発展にもつながることが期待されている。

2015年2月号掲載

新設のジャクメル病院の全体外観。右奥はカナダ赤十字棟

エントランスの夜景

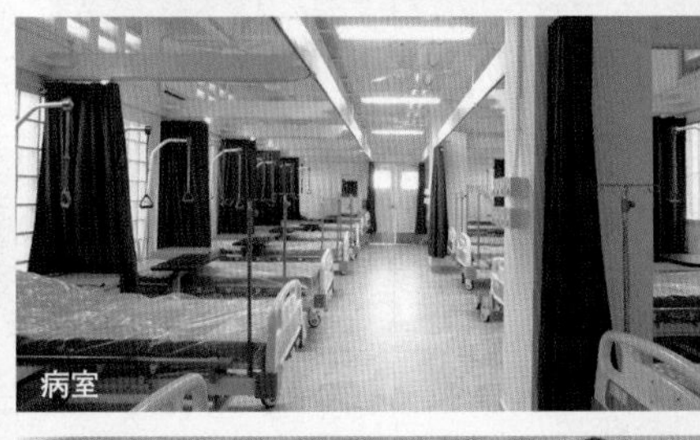
病室

免振装置式典

2階床のコンクリート打設

吹き抜け

震災で壊れた病棟を免震構造で再建

ハイチ
南東県ジャクメル病院整備計画

コンサルティング：(株)山下設計、八千代エンジニヤリング(株)、ビンコーインターナショナル(株)
施設建設：徳倉建設(株)　機材調達：(株)シリウス

中米ハイチの南東県にあるジャクメル病院は、出産や手術、救急医療に対応した同県唯一の総合病院で、近隣県を含めて380万人以上が利用する。しかし、2008年のハリケーンに加えて10年の大震災で建物が損壊したため、テントや仮設の建物で診療を続けざるをえなかった。手術などに必要な医療機材も不足し、そのままでは総合病院としての機能を十分に果たせない状況であった。

貧困削減に向けて、「国内各県の総合病院を整備し、国民に質の高い医療を提供する」との目標を掲げるハイチ政府は、日本政府にジャクメル総合病院の整備に関する支援を要請。11～12年に現地調査が行われ、カナダ赤十字と連携して同病院を再建することになった。日本側は救急部、手術部、産婦人科病棟などを含むメインの建物の整備と、付随して配備すべき医療機材の調達を主に担当した。

新たなジャクメル病院は、鉄筋コンクリート製の２階建てとなり、１階は救急部、手術室２部屋、X線撮影装置や超音波診断装置を備えた画像診断部などが入った。２階には分娩室、新生児室、乳児用ベッド20床、小児科診察室などを設けられた。床面積の合計は、テニスコート約２面分に相当する4,200㎡で、日本の技術による免震構造が取り入れられており、大きな地震の直後でも、救急部や手術部が機能することを想定している。

16年９月、ハイチの保健・人口大臣、八田善明大使、カナダ赤十字代表らが参列して、病院の引き渡し式が行われた。機材が充実し、劣悪な診療環境が改善することへの期待は大きい。手術件数や分娩数も増え、地域住民の健康な生活に貢献していく。

新規作成

取水棟
浄水場全景

カルテス大統領と石田特命全権大使による銘板の除幕式

浄水場の建設(コンクリート打設)

送水管敷設工事

浄水場を増設し安定的な給水を可能にする

パラグアイ
コロネル・オビエド市給水システム改善計画

コンサルティング：(株)協和コンサルタンツ／千代田ユーテック㈱
施設建設：㈱安藤・間

パラグアイは南アメリカ大陸の中央部に位置する内陸国である。同国では日本から移住した人々への評価が高く、日本とは親密な友好関係が維持されている。

本プロジェクトの目的は、首都アスンシオン市の東方約120kmに位置するコロネル・オビエド市の住民に対して安全な飲料水を安定的に供給することである。

同市の浄水場は、同市の南に位置するビジャリカ市とその途中にある二つの小都市にも給水を行っているが、これら4都市の水需要の増加に加え、浄水場設備の老朽化による処理能力の低下に伴って、住民の需要量の半分程度しか配水できていなかった。さらに数年ごとに繰り返される取水河川であるテビクアルミ川の洪水のたびに給水停止を余儀なくされていた。

今回実施されたのは、大きく分けると取水施設と浄水施設の建設、および送水管の敷設である。取水施設は取水ポンプ室と沈砂池から構成され、河川からの計画取水量は2万8,900㎥／日(コロネル:1万3,500㎥／日、他3都市:1万5,400㎥／日)。浄水施設はフロック形成池、沈殿池、急速濾過池、配水池、ポンプ室、電気室、薬品棟から形成され、計画浄水量は1万3,500㎥／日。送水管は口径300mmのダクタイル管を約22.7km敷設した。計画送水量は1万2,300㎥／である。

工事は17年末に竣工した。施設の完成に伴いそれまで厳しい給水制限を受けていた住民にも常時飲料水が供給されることになり、大きな喜びをもって迎えられた。また、地方の発展を支える中核都市でありながら水道サービスの遅れが発展の阻害要因になっていたコロネル・オビエド市では、工事の完成によってパラグアイ政府の計画に沿った貧困削減や経済発展が進められるものと期待されている。

正面外観

工事受注の調印式

1階フロア

2階病棟廊下

中庭

1階リハビリプール

南米唯一のリハビリ施設の利便性を高める

ペルー
国立障害者リハビリテーションセンター建設計画

コンサルティング：(株)横河建築設計事務所、インテムコンサルティング(株)
施設建設：徳倉建設(株)、(株)鴻池組　機材調達：三菱商事(株)

ペルー政府は、2006年12月に「ペルー国障碍者の10年 2007～2016」を策定し、リハビリテーション医療サービスの拡大、および専門職の養成計画を明らかにした。2008年当時、ペルーにおいて何らかの身体的、精神的障碍を抱え、専門的な処置を必要とする人は約370万人（全人口の13％程度）に上っていたが、貧困層が受診できる病院はほぼなく、南米唯一のリハビリ専門病院とされる国立障碍者リハビリテーションセンター（INR)が頼みの綱だった。

INRは当初、首都リマの西のカヤオ市にあり、年間３万人以上の障碍者を診療するとともに、大学と連携して専門職の養成も行っていた。しかし、既存施設は障碍者リハビリが目的の施設ではなかったため、運動障碍向けと精神障碍向けの診療室が散在し導線が悪く、患者や医師、職員が利用しづらかった。施設の老朽度が高く敷地も狭いため増築が出来なかったため、ペルー政府は04年、より適切で充実した診療を行うため、INRのリマ市内への移転新築を決定した。

今回、日本側はペルー保健省と連携してINRを移転新築することで合意し、09年11月に両国首脳の立会いの下で書簡が交換された。

日本側は運動障碍・精神障碍の双方に対応できる外来診療棟、厨房や食堂・洗濯室を備えた一般サービス棟、ラボ棟(検査棟)、38床を備えた病棟Aなど、全体の約６割を担当し、Aと同規模の病棟Ｂ・Ｃ、管理・研修棟など残りの約４割をペルー側が建設した。

12年７月に現地で供与式が開かれて以降、治療用プールやジムなど、新たに導入した設備もあり、移転新築後、診療数や入院患者数が増え、ペルー国の障害者医療に貢献している。

新規作成

浄水場　完成全景

法面（のりめん）防護工（約4km）の始点部

塩素・凝集剤注入装置

エボ・モラレスボリビア大統領と
渡邉特命全権大使が出席した竣工式

法枠（のりわく）工鉄筋設置作業

沈殿池

無処理で給水されていた上水道に浄水場を建設し、導水管を改修

ボリビア
ポトシ市リオ・サンファン系上水道施設整備計画

コンサルティング：（株）東京設計事務所
OYOインターナショナル（株）
施設建設：（株）間組機材製作：日新電機（株）

ボリビア国の南西端に位置するポトシ市の平均標高は約4,000m。同国の中でも最も貧しい地域の一つである。現在の人口はおよそ16万人であるが、2020年には20万人以上になると予測されている。同市の給水率は約81%（2006年）と高い水準にあるが、給水量は150ℓ/人/日にとどまっている（国家基準は150ℓ/人/日）。

ポトシ市の配水系統はカリカリ系とリオ・サンファン系に二分されている。このうち、前者はドイツの援助によって浄水場が建設されているが、後者はサンファン川の水を無処理で給水していた。降雨後は濁度が上昇し、給水が停止される。また、取水地から市街地まで51kmに及ぶ導水管が敷設されているが、雨水や落石による導水管の破損で、常に長期間の断水が発生するリスクを抱えていた。

今回のプロジェクトでは、150ℓ/秒（約1万3,000m3/日）の処理能力を持つ浄水場が建設されたほか、取水施設の改修、導水管の保護（28カ所）、排泥チャンバーなどの改修（39カ所）も併せて行われた。

これによって、ポトシ市の7万人の人々に水質基準を満たした衛生的な水が安定的に供給されることになった。また導水管の破損による長期断水のリスクも著しく軽減されることになる。さらに、ソフト・コンポーネントによって技術移転がなされたことで、新設のリオ・サンファン浄水場の運転や管理も長期にわたって適切に維持されるものと期待されている。

改修された傾斜地全景（エル・ベリンチェ地区）

水路工

集水井の内部の様子

日本の技術と経験を災害防止に

ホンジュラス
首都圏地滑り防止計画

コンサルティング：セントラルコンサルタント（株）（株）地球システム科学
施設建設：（株）安藤・間

1998年に大型ハリケーン・ミッチに襲われたホンジュラスでは、1万3,000人以上が亡くなったり行方不明となった上、首都テグシガルパ市も一時的に首都機能が完全に麻痺した。傾斜地の多い盆地に発展した同市は、もともと自然災害にはぜい弱であった上、近年、急増している地方からの流入者もそうした傾斜地に新たに居住するため、今後、被害が一層拡大することが懸念される。

今回のプロジェクトでは、同市内の2地区で地滑り防止のための施設を建設するとともに、地滑りのモニタリング体制と警戒避難体制を強化することで、地滑り災害の危険性を軽減するために実施された。工事では、地下水排除を主体とした抑制工が採用された。これは、直径3.5m、深度12～28mの集水井工を複数配置し、その内部から横方向に水抜きボーリングを打設して積極的に地下水を排除する工法で、日本でも広く用いられている。

こうした本格的な地すべり対策工法が中南米で採用されたのは、今回が初のケースであったため、施工にあたっては専用の資材や工事機械が日本から持ち込まれたが、工事中は現地のさまざまな関係者がこの新しい工法に実際に触れ、仕組みを学んだことにより、同国の防災レベルの向上が期待される。

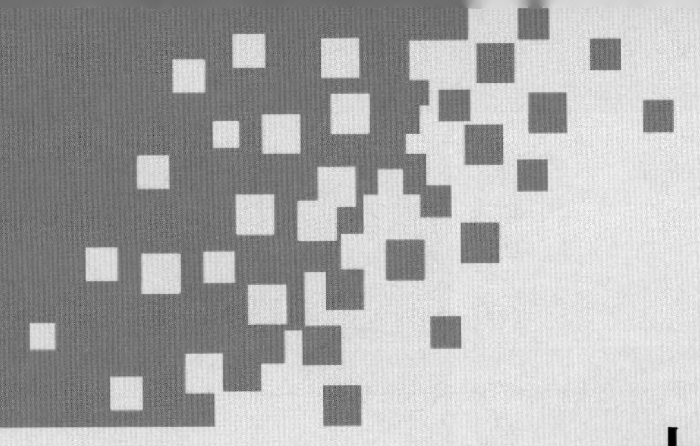

大　洋　州

改修されたホニアラ港全景

竣工式におけるテープカット：2016年6月
（左からルシバエア・インフラ開発大臣、本宮大使、ソガバレ首相）

鋼管矢板打設工事

消波ブロックの製作

コンテナヤードの配水管据付工事

唯一の国際貿易港を改修し、交易を活性化

ソロモン
ホニアラ港施設改善計画

コンサルティング：(株)エコー
施設建設：東亜建設工業(株)、北野建設(株)、共同企業体

ソロモン諸島は、東西1,600kmの海域に広がる主要6島と1,000余りの小島から構成されている。島嶼国であるため、国際貨物や国内の物流における海運への依存度は高い。

同国の主要な港は8カ所あるが、首都にあるホニアラ港が唯一の国際貿易港となっている。同港に輸入される貨物は食糧・産業資機材・衣料・燃料など、同国の産業や国民生活に欠かせない物資だ。輸出品も、パーム油･カカオ･材木・水産物など、同国の経済を支える重要な品目となっている。

しかし、近年の経済成長に伴うコンテナ船の激増によって、同港では国際貨物船の滞船時間が長くなっている。また、岸壁延長が短いために荷役効率が低下したり、大型船の可動水域が狭いため危険性が高いなど、さまざまな問題が発生しており、物流の要としての役割を果たせなくなっていた。

このため、今回の計画では岸壁整備(150m)、袖護岸整備(155m)、岸壁前海底の浚渫（6,680㎥）と埋め立て（5万8,900㎥）、コンテナヤードの整備（6,700㎡）、係留ドルフィン(2基)・給水施設・照明施設・ビーコン(2基)・岸壁付帯施設の建設、が実施された。

島嶼国では現地で建設資機材を調達することが難しいため、日本もしくは近隣諸国で調達することが多い。今回は鋼管や鋼板などの資材に加え、ダンプトラックやブルドーザといった建設重機も日本やタイから持ち込むことになった。にも拘わらず、施工前から周到な準備を行ったおかげで、工事は予定よりも早い2016年6月に終わった。これにより、現地では貨物船の滞船時間が短縮化され、島嶼間を結ぶ定期船の運航もスムーズになるなどの効果が現れている。

拡張されたベシオ港（手前）とベシオ島（奥）

島の暮らし支える新たな桟橋

「世界で最初に日付の変わる国」キリバスは、南太平洋に浮かぶ無数の環礁からなる島国だ。同国の排他的経済水域は世界第３位の広さを持ち、日本の漁船も域内で数多く操業している。

日本はこれまでＯＤＡの無償資金協力を通じて、同国で総合病院や学校、発電所などを建設してきた。同国唯一の国際港で、国内海上輸送の拠点でもあるベシオ港もその一つだ。ベシオ港のあるベシオ島と、行政機関が置かれ、住民の多いバイリキ島との間をつなぐ連絡道路は1987年に完成。今では「ニッポンコーズウェー」と呼ばれ、同国の経済を支える重要な道路となっている。

島国の例に漏れず、同国も生活必需品のほとんどを海外からの輸入に頼っている。貨物船が海を越えて運んでくる物資が、すべて合わせても対馬ほどの広さの島々に散住する10万人のキリバス人の生活の支えだ。

ベシオ港の岸壁やコンテナヤードなどは2000年に日本の無償資金援助で作られたが、水深が浅く、その後の船舶の大型化によって定期コンテナ船が接岸できなかった。そこで、同国は日本に同港の拡張を要請。これを受けて、「ベシオ港拡張計画」が実施された。

今回のプロジェクトでは、現在の岸壁に連絡橋を設置し、約280メートル沖合に延長200メートルの係留桟橋を建設した。定期貨物船として寄港する大型のコンテナ船の喫水は８メートル程度。従来の桟橋の水深は６メートルしかなく、危険な沖取り荷役を余儀なくされていたが、新たな係留桟橋の水深は９メートルあり、コンテナ船が直接接岸できる。

桟橋の建設にあたっては、日本で従来から使われている無支

2015年1月号掲載

日本からの第一船

現地スタッフも力を結集

鋼製型枠据付

トン大統領が完成を祝った

キリバス ベシオ港拡張計画

コンサルティング：(株)エコー
施設建設：大日本土木(株)・東亜建設工業(株)共同企業体

保工工法を応用したが、この点で、キリバス特有の課題が三つあった。

一つ目は、同国は小さな環礁で構成されているため工事用の資機材や淡水の確保が難しいこと。これは、機材を輸入するとともに、海水淡水化装置で工事用水を生産することで解決した。

二つ目の課題は、ベシオ港に防波堤などの外郭施設がなく、波や天候などの影響を受けやすいこと。これに関しては、すでにある岸壁から沖合に向かって鋼管杭を打設し、その上に仮設構台を設置して作業を進めることで、波浪の影響を抑えた。

最後の課題は、建設市場が小さい同国では、工事に携わる熟練労働者の確保が難しいこと。その対応と、現場作業の省力化のため、桟橋の上部構造には鉄筋付型枠工法が使われた。その結果、困難の伴う海上での型枠工事を極力少なくすることができた。

こうした工程管理の工夫は、結果として作業効率の上昇につながり、工期の大幅な短縮が可能となった。さらに、現場で日々工夫を重ねることで、施工の安全性と品質の確保を実現し、関係者の信頼を獲得した。

新たな桟橋は2014年５月から供用を開始した。これまでは、陸揚げするコンテナは貨物船から海上で台船に移し、そこから移動して陸揚げするため、荷役作業には３～４日掛かっていた。本計画によってコンテナ船が直接桟橋に接岸できるようになったおかげで１～２日で陸揚げが可能になった。物流コストの削減は、そのまま物価高の軽減と、住民の生活改善につながっている。

生まれ変わった同港は今後、物流などを通じて、同国産業の活性化に大いに寄与することが期待されている。

新たに「タウファアハウ・トゥポウ4世埠頭」と名付けられた施設全景

コンクリート打設工事

安全講習会

瀟洒なターミナルビル

トンガ国王や首相、日本大使などが臨席した竣工式

ターミナルビルの屋根工事

国内を就航する旅客船が快適に使える港に

トンガ
国内輸送船用埠頭改善計画

コンサルティング：(株)オリエンタルコンサルタンツグローバル
施設建設：東亜建設工業(株)

大小172の島々からなる南太平洋のトンガでは、船舶が重要な輸送インフラだ。首都ヌクアロファの港には、国際貨物船や島嶼間輸送用の大型船舶が寄港するクイーンサロテ埠頭、国際旅客船・軍船用のブナ埠頭、小型船舶用のファウア埠頭がある。だが、クイーンサロテ埠頭では旅客輸送と貨物輸送が同時に行われるため、危険な運用を強いられていた。屋内待合所がなく乗船客には劣悪な利用環境であった。また、特異なバース形状が船舶には危険な操船を求める上、悪天候時には高波の影響を受けやすいといった問題もあった。

そこで、トンガ政府はファウア埠頭を大型船舶も着岸できる国内船専用埠頭として改修・整備し、クイーンサロテ埠頭を国際貨物船専用とすることで、問題の解決を図った。これに伴い無償資金協力の要請を受けた日本政府は、2015年６月に同国政府と本計画の書簡を交換。ファウア埠頭の岸壁を大型貨物船２隻が同時に接岸・荷役作業できるよう改修が行われた。

具体的には大型船舶の通行に合わせて航路幅を広げ、海底を浚渫したほか、３階建ての旅客用ターミナルビルを新設した。安全性と利便性を高めるために荷役ヤードや駐車場の舗装などを整備した。このうち、高波を抑えるため同埠頭の北側250mにわたり設けた防波堤は、サイクロンなど悪天候が起こった際の避難港となるようにも設計されている。

18年６月に現地で竣工式が行われ、トゥポウ6世トンガ国王・王妃や石井哲也特命全権大使などの要人が臨席。ポヒヴァ首相も日本および関係者らに謝意を示した。埠頭は新たに「タウファアハウ・トゥポウ4世埠頭」と名付けられた。

ビラ中央病院全景。手前の白い建物が建設中の外来棟

竣工式(2014年6月9日)。
銘板の前で握手する花谷卓治特命全権大使と
Joe Natumanバヌアツ国首相

北側からみた外来棟外観。左手前は設備棟

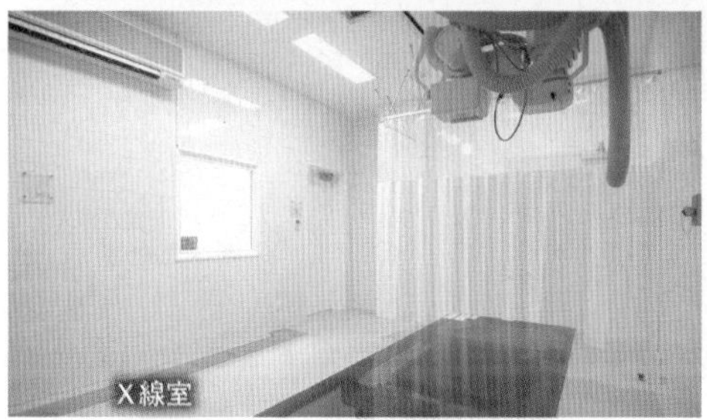
X線室

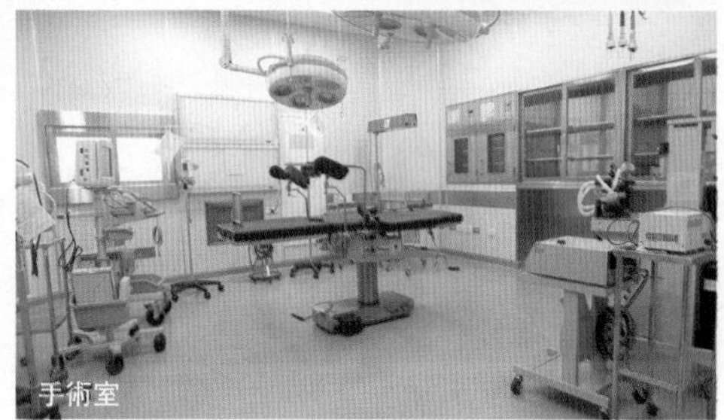
手術室

開放的な待合

外来・手術など5部門を一カ所に集約

バヌアツ
ビラ中央病院改善計画

コンサルティング：(株)日本設計、(株)日本設計インターナショナル、(株)アールコンサルタンツ
施設建設：大日本土木(株)

南太平洋上の島嶼国バヌアツは大小80以上の島々から構成されており、首都ポートビラは同国で３番目に大きいエファテ島にある。

1974年に開院したビラ中央病院は、同国のトップレファレル病院として住民の健康を支えてきたが、2011年までほとんど改装が行われなかったため、老朽化が進んでいた。さらに、外来部門や救急部門、手術部門などの施設が分散していたこと、また医療機材が不足していたことなど、適切な医療サービスを行うためには早急に解決すべき問題が山積していた。

一方、同国の保健省は予算の約８割を人件費・運営費に使わざるをえず、ビラ中央病院の改修や医療機材の調達には対応できない状況であった。本計画では、新たに２階建ての外来棟（延床面積約3,150㎡）を建設して、一般外来部門だけでなく、救急部門・検査部門・手術部門・放射線部門などを配置した。同時にそれらの部門に必要な医療機材も調達した。

こうした複数の部門が入る医療施設は、通常の病棟よりも複雑で高度な設計技術が要求され、工事においても高度な品質管理が必要となる。それだけに、我が国の「質の高いインフラ」を提供する意義も高かったと言える。新しい外来棟は14年６月に竣工し、将来は施設の拡張も検討されている。

ビラ中央病院は臨床教育の役割も担っており、施設や機材が整った環境の下で医師や看護師が研修を積むことによって、医療技術の向上をもたらされることにもなる。同病院が国内唯一のトップレファレルであることを考慮すると、同病院の医療サービスの向上と医療教育機能の強化は全国民約23万人を裨益するものである。

新規作成

竣工式：橋廣治特命全権大使がテープカット

ここでも渡河交通が行われていた

橋梁は15カ所で建設された

欄干に埋め込まれた記念プレート

工事風景：橋桁の設置

竣工式：民族衣装の地元住民を先頭に渡り初め

最重要幹線に15橋梁を建設、住民の生活向上と経済発展に寄与

パプアニューギニア
ブーゲンビル海岸幹線道路橋梁整備計画

コンサルティング：(株)長大、(株)エイト日本技術開発
施設建設：北野建設(株)

パプアニューギニア政府は2006年に運輸セクターの政策見直しを行い、インフラの新設よりも既存のインフラの補修や維持管理に財源を優先的に配分する計画に改めた。この計画の中で、ブーゲンビル島の海岸幹線道路は最優先で整備を行うべき国道の一つとして選定されていた。

この海岸道路は、ココパウからアラワまで約190kmを結ぶ生活道路として、また、カカオやコプラなどの農産物を輸送するルートとして、ブーゲンビル島では最も重要な幹線道路である。しかし、同区間には、橋梁の破損や老朽化などによって架橋されていない所が15カ所もあり、通行に支障が出ていたため、同国政府は、橋梁改修の協力を日本に要請。調査の結果、経済性・施工性・耐久性などを考慮して、15カ所すべてについて新たな橋梁を建設することになった。

今回のプロジェクトが完了したことにより、海岸道路の全区間で川床を渡河することなく通行することが可能となった。これに伴い、所要時間は約1時間短縮され、増水時に発生していた年間30日程度の通行止めも解消される。また、乗用車・バイク・自転車など交通手段の多様化や、車両の大型化、車両数の増加にも対応が可能となることにより、日常生活に必要な物資の輸送が安定し、医療や教育施設へのアクセスが容易になるなど、沿線住民の生活環境は大きく向上する。

今後は、農林業などの地域経済の活性化や今後の地域開発にも大いに寄与していくものと期待されている。

施設全景：左が飼育水槽上屋棟、右は養殖普及センター棟

養殖普及センター棟

コンクリート打設作業

朝礼状況

新設の水槽：全部で76槽

海洋資源の持続的な利用を目指して

パラオ
パラオ海洋養殖普及センター施設改善計画

コンサルティング：水産エンジニアリング（株）
施設建設：岩田地崎建設（株）

太平洋の島嶼国パラオは、観光と水産業が主要産業である。シャコガイは伝統的食料として重要だが、1970年代からの乱獲により個体数が減少した。さらに、2012年に同国南側に位置するロック・アイランドが世界遺産に登録されたことを受け、15年には同国の人口の８倍に上る16万人超の観光客が訪れるようになった。シャコガイは食用としてだけでなく、観賞用や装飾品としても需要が高まっており、一部の種では資源枯渇の危機に瀕している。

同国では1973年、パラオ海洋養殖普及センター（PMDC）の前身となる研究機関の施設が整備され、シャコガイの種苗の生産と沿岸域での養殖や保護区への放流を実施してきた。しかし、その後の施設の老朽化に伴い、取水・給水システムの能力低下、幼生飼育水槽の破損、中間育成水槽の漏水などの課題を抱え、種苗生産の安定性や効率性が低下していた。

この状況を受け、パラオ政府は「パラオ国家開発計画2020」において水産業を基幹産業と位置付け、自然環境と調和のとれた海洋資源の持続的な開発を目的に、養殖普及や沿岸・沖合漁業の規制、モニタリングなどに乗り出している。その一環として「パラオ海洋養殖普及センター施設改善計画」を策定し、その実現に向けた支援を日本に要請した。

今回の計画では、PMDCの施設および機材の整備を通じて種苗生産能力や環境保護啓発などの機能強化を図り、シャコガイ養殖の促進を目指している。養殖普及センター棟や飼育水槽上屋棟などの主要施設のほか、機械室やポンプ室などの付帯施設も同時に建設された。また、シャコガイ養殖・販売用機材や実験室機材など、多岐にわたる機器も調達され、今年９月に竣工した。

完成した中波アンテナシステム

引渡し式にて：左から澤田博之JICAフィジー事務所長、カユーム副首相、バイニマラマ首相、大村昌弘駐フィジー日本大使

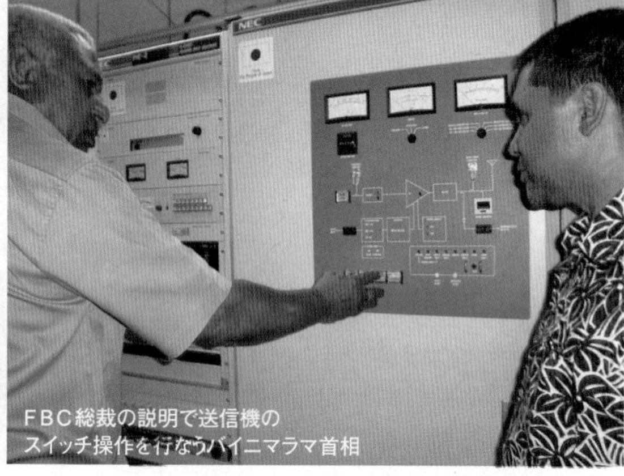
FBC総裁の説明で送信機のスイッチ操作を行なうバイニマラマ首相

防災や保健の情報提供サービスを向上させる

フィジー
中波ラジオ放送復旧計画

コンサルティング：八千代エンジニヤリング（株）
機材調達：南洋貿易（株）／電気興業（株）／日本電気（株）

フィジーは南太平洋に位置する島嶼国だ。広範な海域に点在する330以上の島々に国民が居住しているため、通信や交通が不便で、災害情報が伝わりにくく、緊急支援などの公共サービスも届きにくい状況にある。ほとんどの島は面積が狭小で標高が低く、自然災害に対して脆弱だ。気候変動による海面上昇、集中豪雨、サイクロンの大型化などによって家屋やインフラが被害を受ける脅威は、年々大きくなっている。

災害時の住民への情報提供や復興時の情報伝達には、中波ラジオ放送が有効となる。だが、同国唯一の放送局であるフィジー放送会社（FBC）が管理する中波ラジオ放送システムは、施設や機材が老朽化し、自己資金では更新が困難な状態であった。中波ラジオ放送が情報を入手する唯一の手段となっている離島も多く、一刻も早い整備が望まれていた。

本件で調達された主な機材は、中波アンテナシステム(60m、傘型、２波共用)、送信機１(558kHz)、送信機２(990kHz)などである。アンテナの設置工事、送信機建屋の新築、送信機材の据え付けなどを行い、上記２波の周波数から、中波ラジオ放送を行うことができるようになった。これで同国のほぼ全土で安定した中波ラジオ放送を受信することが可能になった。

これまで受信が困難であった10万人が住む離島でも安定して受信できるようになり、音質の歪みや年100時間ほどあった放送の中断も解消された。これにより、防災、教育、保健、農業など日常生活に欠かせない情報サービスが全国民に安定的に配信されるようになった。

2018年8月号掲載

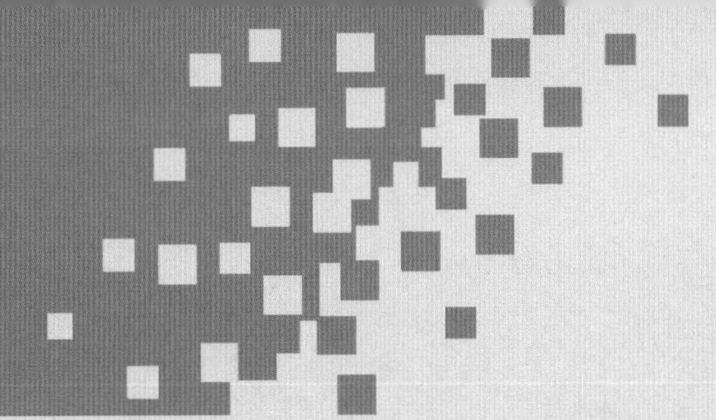

人材育成奨学計画

中間研修の集合写真

写真提供：JICA

途上国のリーダーを育てるための無償資金協力

4,300 名以上の若手行政官を日本の大学院に受け入れ

「人材育成奨学計画」は、政府の「留学生受入10万人計画」の下、1999年度に設立された無償資金協力による留学生受入事業である。

この事業では、将来、出身国の指導者層となることが期待される多くの優秀な若手行政官を日本の大学院に留学生として受け入れている。帰国後は、社会・経済開発の専門知識を有する人材として活躍すること、また日本の良き理解者として両国の友好関係の拡大と強化に貢献すること、などが期待されている。

この事業の案件名はいずれの国に対しても「人材育成奨学計画」である。英語では「The Project for Human Resource Development Scholarship」であるが、当初は「Japanese Grant Aid for Human Resource Development Scholarship」であったため、略称は今でも「JDS」である。

事業開始の当初はアジアの市場経済移行国を主な対象としていたが、その後アジアやアフリカの国々からの受け入れが増え、現在対象は13カ国。さらに2019年度より東ティモール、パキスタン、ブータンの3カ国からの学生を受け入れる予定である。18年度には321名の留学生を受け入れ、これまでに来日した留学生は4,300名を超えた。

このJDS事業では、基本的に英語で修士号を取得できる大学に留学生の受け入れを依頼している。16年度からは博士課程への受入募集を開始し、18年4月時点では9カ国32名の博士課程の留学生が日本での研究を再開している。

JDSについて詳しくは
https://www.jica.go.jp/activities/schemes/grant_aid/summary/JDS.html
またはJICAのホームページで「人材育成奨学計画」で検索。

リーダーシップ研修

研究室で発表中

中間研修にて

中間研修にて

JDS留学生が東京で中間研修、1年半ぶりの再集合

2019年3月4日～6日の3日間、13カ国約250名のＪＤＳ留学生が東京に集合し、研修を行った。17年の夏に来日し、日本全国26大学で学んでいる留学生たちである。久しぶりの再会を楽しみながら、明治維新・近代化の経験や今日の日本が抱えている課題など日本について改めて学び、リーダーシップ研修やコンテスト形式でのワークショップを通し、帰国後に各国でリーダーとして活躍するためのスキルや、国・大学・専攻分野を横断したネットワークを醸成した。

さらに、専攻分野ごとのグループに分かれ、外務省やJICAの職員達と自らの研究や関連する日本の協力などについてディスカッションする時間も今回初めて設けられた。それぞれの国の課題解決のために、どのような連携が可能かなど、熱い議論が交わされた。

JDS受入大学（～2018）　五十音順

NO.	大学名
1	大阪大学
2	九州大学
3	京都大学
4	熊本大学
5	慶應義塾大学
6	神戸情報大学院大学
7	神戸大学
8	国際基督教大学
9	国際大学
10	埼玉大学
11	上智大学
12	政策研究大学院大学
13	筑波大学
14	東海大学
15	東京工業大学
16	東京大学
17	東京都立大学
18	東京農工大学
19	同志社大学
20	東北大学
21	東洋大学
22	豊橋技術科学大学
23	長岡技術科学大学
24	長崎大学
25	名古屋大学
26	新潟大学
27	一橋大学
28	広島大学
29	福井大学
30	北海道大学
31	宮崎大学
32	明治大学
33	山口大学
34	横浜国立大学
35	立教大学
36	立命館アジア太平洋大学
37	立命館大学
38	早稲田大学

人材育成奨学計画（JDS）国別受入実績

2018年10月時点
（単位：人）

受入年度 / 国名	2000	2001	2002	2003	2004	2005	2006	2007	2008	2009	2010	2011	2012	2013	2014	2015	2016	2017	2018	各国実績合計
① ウズベキスタン	20	19	19	20	20	20	20	20	19	14	15	15	15	14	15	15	15	17	17	329
② ラオス	20	20	20	20	20	20	25	25	25	20	20	20	19	20	20	20	20	22	22	398
③ カンボジア		20	20	20	20	20	25	25	25	25	24	24	24	24	24	24	24	24	26	418
④ ベトナム		20	30	30	30	30	33	34	35	35	28	29	30	30	30	30	30	30	62	576
⑤ モンゴル			20	20	20	19	20	20	20	18	18	16	17	18	18	18	18	22	22	324
⑥ バングラデシュ			29	19	20	20	20	20	20	20	15	15	15	15	15	25	30	30	33	361
⑦ ミャンマー			14	19	20	20	30	30	30	30	22	22	22	22	44	44	44	48	48	509
⑧ 中国				42	43	41	43	47	47	48	45	39	35	-	-	-	-	-		430
⑨ フィリピン				19	20	20	25	25	25	25	20	20	20	20	20	20	20	20	21	340
⑩ インドネシア				30	30	30	30	-	-	-	-	-	-	-	-	-	-	-		120
⑪ キルギス								20	20	18	14	14	15	15	15	15	15	15	15	191
⑫ タジキスタン										3	5	5	5	5	5	5	5	8	8	54
⑬ スリランカ											15	15	15	15	15	15	15	15	17	137
⑭ ガーナ													5	5	5	10	10	10	10	55
⑮ ネパール																	20	20	20	60
年度合計	40	79	152	239	243	240	271	266	266	256	241	234	237	203	226	241	266	281	321	4,302

2017,18 博士含

G/A署名案件一覧表
（2008年10月1日～2018年10月31日）

※このリストは、当該期間に国際協力機構が贈与契約（G/A）を締結した無償資金協力の全案件である。
※地域別、国名五十音順、署名日順で並べているが、国名に漢字が含まれる場合は地域別の最後に配置されている。

掲載ページ	国名	案件名	金額（億円）	G/A署名日
		アジア		
	アゼルバイジャン	貧困農民支援	3.50	2009-01-30
	アゼルバイジャン	貧困農民支援	2.60	2011-04-06
	アゼルバイジャン	第二次土地改良・灌漑機材整備計画	7.77	2013-04-17
	アフガニスタン	食糧援助	5.60	2009-08-12
	アフガニスタン	小児感染症予防計画	4.45	2009-11-08
	アフガニスタン	太陽光を活用したクリーンエネルギー導入計画	7.00	2010-03-22
	アフガニスタン	カブール国際空港誘導路改修計画（詳細設計）	0.56	2010-03-22
	アフガニスタン	農業生産拡大及び生産性向上計画	10.33	2010-06-05
	アフガニスタン	カブール国際空港誘導路改修計画	25.72	2010-10-12
	アフガニスタン	カブール県及びバーミヤン県灌漑整備・小規模水力発電整備計画	13.56	2010-11-10
	アフガニスタン	ポリオ撲滅計画	4.52	2011-01-29
6	アフガニスタン	感染症病院建設計画	26.43	2011-02-21
	アフガニスタン	第二次農業生産拡大及び生産性向上計画	9.14	2011-06-06
	アフガニスタン	カブール県及びバーミヤン県灌漑施設整備計画	13.10	2011-11-26
	アフガニスタン	小児感染症予防計画	7.16	2011-12-10
	アフガニスタン	中央高地三県における学校建設計画	18.95	2012-01-12
	アフガニスタン	カブール国際空港駐機場改修計画	19.60	2012-03-10
	アフガニスタン	カブール市東西幹線道路等整備計画	25.09	2012-03-10
	アフガニスタン	バーミヤン空港改修計画	12.60	2012-03-10
	アフガニスタン	カブール市郊外小規模灌漑施設・農村道路整備計画	6.96	2012-03-10
	アフガニスタン	第三次農業生産拡大及び生産性向上計画	8.84	2012-08-12
	アフガニスタン	小児感染症予防計画	10.64	2012-12-11
	アフガニスタン	ナンガルハール農村インフラ改善計画	10.76	2013-02-11
	アフガニスタン	基礎教育環境改善計画	12.91	2013-02-28
	アフガニスタン	母子保健改善計画	13.98	2013-02-28
	アフガニスタン	カブール県、バーミヤン県及びカピサ県における灌漑施設改修計画	21.37	2013-02-28
	アフガニスタン	デサブ南地区給水施設整備計画	25.61	2013-03-05
	アフガニスタン	第二次カブール国際空港駐機場改修計画	13.61	2013-03-05
	アフガニスタン	カブール国際空港保安機能強化計画	44.27	2014-02-04
	アフガニスタン	小児感染症予防計画	11.86	2014-02-09
	アフガニスタン	結核対策薬品機材整備計画	12.35	2014-11-29
	アフガニスタン	小児感染症予防計画	14.48	2015-01-20
	アフガニスタン	灌漑システム改善及び組織能力強化を通じた農業生産性向上計画	14.87	2015-12-19
	アフガニスタン	小児感染症予防計画	17.48	2016-02-17
	アフガニスタン	小児感染症予防計画	12.62	2016-12-13
	アフガニスタン	抗結核薬及び新診断用品整備及び薬剤耐性結核短期治療実施モニタリング計画（WHO連携）	9.81	2017-03-20
	アフガニスタン	小児感染症予防計画	9.78	2017-11-27
	アフガニスタン	カブール市南東部地区アクセス改善計画	12.50	2018-04-23
	アフガニスタン	母子手帳推進計画	8.94	2018-08-29
	アルメニア	エレバン市消防機材整備計画	8.81	2009-02-10
	アルメニア	貧困農民支援	1.70	2009-09-04
	アルメニア	アルメニア国立美術館美術品修復機材整備計画	0.28	2009-12-22
	アルメニア	アルメニア公共テレビ局映像資料デジタル化機材整備計画	1.38	2017-03-30
	アルメニア	消防機材整備計画	15.40	2017-09-07
	アルメニア	歴史文化遺産科学研究センター考古学資料修復・保存機材整備計画	0.70	2018-02-16
	インド	ポリオ撲滅計画	2.05	2009-08-05
8	インド	インディラ・ガンディー国立放送大学教材制作センター整備計画	7.87	2010-07-26
	インド	ポリオ撲滅計画	1.92	2011-01-21
	インド	ポリオ撲滅計画	1.20	2012-03-26
	インド	チェンナイ小児病院改善計画	14.95	2014-02-07
	インド	ヴァラナシ国際協力・コンベンションセンター建設計画	22.40	2017-09-15
	インド	ベンガルール中心地区高度交通情報及び管理システム導入計画	12.76	2018-01-24
	インド	第二次ヴァラナシ国際協力・コンベンションセンター建設計画	8.02	2018-05-18
	インドネシア	ニアス島橋梁復旧計画（詳細設計）	0.33	2009-03-13
	インドネシア	第二次西ヌサトゥンガラ州橋梁建設計画	4.92	2010-01-12
	インドネシア	ニアス島橋梁復旧計画	15.22	2010-01-12
	インドネシア	西スマトラ州パダン沖地震被災地における安全な学校再建計画	5.49	2010-06-07
	インドネシア	貧困農民支援	5.20	2010-06-07
	インドネシア	マラッカ海峡及びシンガポール海峡船舶航行安全システム整備計画	14.32	2010-10-22
	インドネシア	空港保安機材整備計画	6.21	2010-11-08
	インドネシア	プルイット排水機場緊急改修計画（詳細設計）	0.74	2011-02-11
	インドネシア	プルイット排水機場緊急改修計画	19.85	2011-09-30
	インドネシア	広域防災システム整備計画	15.00	2013-11-29
	インドネシア	高病原性鳥インフルエンザ及び新興・再興感染症対策のための国立検査室強化計画	2.12	2013-12-12
9	インドネシア	第三次西ヌサトゥンガラ州橋梁建設計画	9.61	2014-03-25
	インドネシア	離島における水産セクター開発計画	25.00	2018-07-31
	ウズベキスタン	国立障害者リハビリテーション・センター整備計画	4.41	2009-02-19
	ウズベキスタン	人材育成奨学計画	2.44	2009-07-29
	ウズベキスタン	アリシェル・ナボイ国立アカデミー・ボリショイ劇場音響、照明及び視聴覚機材整備計画	0.33	2010-03-01
	ウズベキスタン	人材育成奨学計画	2.33	2010-07-15
	ウズベキスタン	国境税関大型貨物用検査機材整備計画（第二次）	3.60	2010-09-16
	ウズベキスタン	人材育成奨学計画	2.02	2011-07-25
	ウズベキスタン	人材育成奨学計画	2.02	2012-05-03
	ウズベキスタン	人材育成奨学計画	2.04	2013-07-26
	ウズベキスタン	人材育成奨学計画	2.11	2014-08-22
	ウズベキスタン	人材育成奨学計画	2.11	2015-08-07
	ウズベキスタン	ナボイ州総合医療センター機材整備計画	6.86	2015-10-25
	ウズベキスタン	人材育成奨学計画（3年型）	1.96	2016-07-29
	ウズベキスタン	人材育成奨学計画	2.63	2016-07-29
	ウズベキスタン	人材育成奨学計画	2.61	2017-10-10
	ウズベキスタン	タシケント情報技術大学メディア訓練センター機材整備計画	1.88	2017-12-06
	ウズベキスタン	人材育成奨学計画	2.62	2018-08-10
	カンボジア	感染症対策強化計画	2.30	2009-02-10
	カンボジア	ローレンチェリー頭首工改修計画（詳細設計）	0.25	2009-02-10
	カンボジア	第五次地雷除去活動機材整備計画	5.48	2009-03-25
	カンボジア	ローレンチェリー頭首工改修計画	8.19	2009-06-25
	カンボジア	第三次プノンペン市小学校建設計画	5.24	2009-06-25
	カンボジア	コンポンチャム州メモット郡村落飲料水供給計画	3.69	2009-07-31
	カンボジア	国道一号線改修計画	20.05	2009-07-31
	カンボジア	海洋養殖開発センター建設計画	9.31	2009-07-31
	カンボジア	太陽光を活用したクリーンエネルギー導入計画	7.20	2010-03-18
	カンボジア	ネアックルン橋梁建設計画（詳細設計）	2.39	2010-03-18
	カンボジア	人材育成奨学計画	3.06	2010-06-23
	カンボジア	ネアックルン橋梁建設計画	119.40	2010-06-23
	カンボジア	地方州都における配水管改修及び拡張計画	27.60	2011-03-16

掲載ページ	国　名	案　件　名	金額(億円)	G/A署名日
	カンボジア	第六次地雷除去活動機材整備計画	12.98	2011-03-16
	カンボジア	第三次プノンペン市洪水防御・排水改善計画	37.00	2011-03-16
	カンボジア	人材育成奨学計画	2.73	2011-06-14
	カンボジア	貧困農民支援	2.90	2011-07-13
	カンボジア	カンボジア工科大学地圏資源・地質工学部教育機材整備計画	0.56	2011-08-23
	カンボジア	国立、市及び州病院医療機材整備計画	3.74	2012-03-29
	カンボジア	人材育成奨学計画	2.83	2012-06-26
	カンボジア	洪水対策支援計画	15.10	2012-07-30
	カンボジア	カンボジア工科大学施設機材整備計画	5.96	2013-03-28
	カンボジア	ラタナキリ州小水力発電所建設・改修計画	14.87	2013-03-28
	カンボジア	シハヌーク州病院整備計画	15.54	2013-03-28
10	カンボジア	コンポンチャム及びバッタンバン上水道拡張計画	33.55	2013-06-20
	カンボジア	人材育成奨学計画	2.58	2013-06-20
12	カンボジア	アンコール・ワット西参道修復機材整備計画	0.95	2013-12-27
	カンボジア	国道一号線改修計画	15.85	2014-01-15
	カンボジア	国立母子保健センター拡張計画	11.93	2014-03-26
	カンボジア	人材育成奨学計画	2.95	2014-05-30
	カンボジア	プノンペン前期中等教育施設拡張計画	8.51	2014-07-10
	カンボジア	国道一号線都心区間改修計画	2.51	2014-12-08
	カンボジア	スバイリエン州病院改善整備計画	10.77	2015-03-30
	カンボジア	プノンペン交通管制システム整備計画	17.27	2015-03-30
	カンボジア	カンポット上水道拡張計画	29.85	2015-06-16
	カンボジア	人材育成奨学計画	2.99	2015-06-16
	カンボジア	第七次地雷除去活動機材整備計画	13.72	2016-03-31
	カンボジア	チュルイ・チョンバー橋改修計画	33.43	2016-03-31
	カンボジア	人材育成奨学計画	3.32	2016-08-01
	カンボジア	南部経済回廊配電網整備計画	8.93	2016-09-26
	カンボジア	プノンペン公共バス交通改善計画	13.96	2016-11-30
	カンボジア	第4次プノンペン洪水防御・排水改善計画(詳細設計)	1.09	2017-03-30
	カンボジア	バッタンバン州病院改善計画	14.53	2017-03-30
	カンボジア	人材育成奨学計画(3年型)	2.86	2017-07-14
	カンボジア	人材育成奨学計画	3.63	2017-07-14
	カンボジア	第四次プノンペン洪水防御・排水改善計画	39.48	2017-10-10
	カンボジア	洪水多発地域における緊急橋梁架け替え計画	39.42	2017-11-23
	カンボジア	教員養成大学建設計画	31.70	2017-12-29
	カンボジア	人材育成奨学計画	3.42	2018-06-22
	キルギス	チュイ州橋梁架け替え計画	6.35	2009-02-19
	キルギス	人材育成奨学計画	2.49	2009-06-18
	キルギス	イシククリ州・チュイ州道路維持管理機材整備計画	9.74	2010-08-12
	キルギス	人材育成奨学計画	2.18	2011-06-24
	キルギス	体育庁柔道器材整備計画	0.69	2011-10-07
	キルギス	人材育成奨学計画	2.14	2012-06-15
	キルギス	災害対応・リスク評価能力強化及び地域協力対話促進計画	2.04	2013-02-21
	キルギス	ビシュケクーオシュ道路クガルト川橋梁架け替え計画(詳細設計)	0.52	2013-03-14
	キルギス	人材育成奨学計画	2.12	2013-07-11
13	キルギス	ビシュケクーオシュ道路クガルト川橋梁架け替え計画	11.96	2013-07-31
14	キルギス	オシュ州、ジャララバード州及びタラス州道路維持管理機材整備計画	24.91	2014-07-31
	キルギス	人材育成奨学計画	1.97	2014-07-31
	キルギス	2015年から2017年までの選挙における投票者本人確認手続自動化計画	7.40	2015-05-20
	キルギス	人材育成奨学計画	2.13	2015-07-28
	キルギス	マナス国際空港機材整備計画	16.30	2015-10-26
	キルギス	人材育成奨学計画	2.31	2016-08-01
	キルギス	道路維持管理機材整備場改善計画	4.41	2017-03-31
	キルギス	ビシュケク-オシュ道路雪崩対策計画	42.88	2017-03-31
	キルギス	人材育成奨学計画	2.27	2017-08-15
	キルギス	人材育成奨学計画(3年型)	2.05	2018-06-29
	キルギス	人材育成奨学計画	3.08	2018-08-23
15	ジョージア(旧グルジア)	太陽光を活用したクリーンエネルギー導入計画	4.80	2010-06-16
	スリランカ	第二次アヌラダプラ教育病院整備計画	3.90	2009-01-29
	スリランカ	貧困農民支援	5.20	2009-03-19
	スリランカ	東部州五橋架け替え計画(詳細設計)	0.29	2010-01-19
	スリランカ	ジャフナ教育病院中央機能改善計画	22.98	2010-03-26
	スリランカ	人材育成奨学計画	2.29	2010-05-25
	スリランカ	東部州五橋架け替え計画	12.17	2010-11-25
	スリランカ	ルパバヒニ国営放送局番組制作機材整備計画	0.42	2011-02-10
	スリランカ	貧困農民支援	3.60	2011-03-31
	スリランカ	人材育成奨学計画	2.08	2011-06-29
18	スリランカ	マンムナイ橋梁建設計画	12.06	2011-09-13
	スリランカ	キリノッチ上水道復旧計画	9.25	2012-03-06
	スリランカ	ケラニア大学及びサバラガムワ大学日本語学習機材整備計画	0.48	2012-03-06
	スリランカ	人材育成奨学計画	2.11	2012-05-25
	スリランカ	高速道路・道路交通情報提供システム整備計画	9.40	2013-03-18
	スリランカ	浚渫船建造計画	9.88	2013-03-18
	スリランカ	人材育成奨学計画	1.92	2013-06-05
	スリランカ	人材育成奨学計画	2.15	2014-06-02
	スリランカ	人材育成奨学計画	2.26	2015-07-23
	スリランカ	ジャフナ大学農学部研究研修複合施設設立計画	16.67	2016-05-18
	スリランカ	海上安全能力向上計画	18.30	2016-06-30
	スリランカ	人材育成奨学計画	2.31	2016-07-04
	スリランカ	ルパバヒニ国営放送局番組ソフト整備計画	0.53	2016-09-13
	スリランカ	人材育成奨学計画(3年型)	2.08	2017-06-30
	スリランカ	気象ドップラーレーダーシステム整備計画	25.03	2017-06-30
	スリランカ	人材育成奨学計画	2.62	2017-06-30
	スリランカ	人材育成奨学計画	2.65	2018-06-26
	タイ	東部外環状道路(国道九号線)改修計画	54.80	2012-08-01
	タイ	パサック川東部アユタヤ地区洪水対策計画	25.50	2012-08-15
	タジキスタン	ドゥスティーニジノピャンジ間道路整備計画	13.24	2009-01-14
	タジキスタン	食糧援助	4.50	2009-02-02
	タジキスタン	人材育成奨学計画	1.35	2009-06-05
	タジキスタン	食糧援助	3.00	2009-11-24
	タジキスタン	太陽光を活用したクリーンエネルギー導入計画	4.50	2010-02-04
	タジキスタン	貧困農民支援	1.90	2010-04-15
	タジキスタン	人材育成奨学計画	1.19	2010-05-17
	タジキスタン	第二次ハトロン州ハマドニ地区給水改善計画	7.79	2011-06-02
	タジキスタン	人材育成奨学計画	1.05	2011-06-20
	タジキスタン	第二次クルガンチュベ-ドゥスティ間道路改修計画	18.89	2011-12-12
	タジキスタン	貧困農民支援	1.90	2012-03-15
	タジキスタン	人材育成奨学計画	0.88	2012-06-11
	タジキスタン	ハトロン州及び共和国直轄地域道路維持管理機材整備計画	13.44	2013-03-28
	タジキスタン	母子保健施設医療機材・給排水設備改善計画	6.02	2013-03-28
	タジキスタン	人材育成奨学計画	1.00	2013-05-31
	タジキスタン	ハトロン州ピアンジ県給水改善計画(詳細設計)	0.42	2014-01-28
	タジキスタン	ハトロン州ピアンジ県給水改善計画	15.86	2014-06-27
	タジキスタン	人材育成奨学計画	1.08	2014-06-27
16	タジキスタン	ドゥシャンベ国際空港整備計画	19.14	2014-09-29
	タジキスタン	タジキスタンのアフガニスタンとの国境の効果的な管理を通じた国境を越える協力促進計画	4.68	2015-03-03
	タジキスタン	人材育成奨学計画	1.14	2015-07-21
	タジキスタン	第二次ハトロン州ピアンジ県給水改善計画	2.65	2015-10-24

掲載ページ	国名	案件名	金額(億円)	G/A署名日
	タジキスタン	ソグド州及びハトロン州東部道路維持管理機材整備計画	19.92	2016-04-25
	タジキスタン	人材育成奨学計画(3年型)	0.93	2016-06-29
	タジキスタン	人材育成奨学計画	1.70	2016-07-26
	タジキスタン	第二次ドゥシャンベ国際空港整備計画	3.56	2017-05-31
	タジキスタン	ドゥシャンベ変電所整備計画	21.90	2017-06-30
	タジキスタン	人材育成奨学計画	1.61	2017-08-11
	タジキスタン	人材育成奨学計画	1.60	2018-10-05
	ネパール	シンズリ道路建設計画(第三工区)(詳細設計)	0.50	2009-02-12
	ネパール	食糧援助	6.50	2009-02-25
19	ネパール	シンズリ道路建設計画(第三工区)	43.33	2009-06-23
	ネパール	太陽光を活用したクリーンエネルギー導入計画	6.60	2010-01-29
	ネパール	食糧援助	6.80	2010-02-09
	ネパール	コミュニティ交通改善計画	9.90	2010-03-19
	ネパール	貧困農民支援	4.90	2010-04-08
20	ネパール	シンズリ道路建設計画(第三工区)	5.77	2012-02-15
	ネパール	基礎教育改革プログラム支援のための学校改善計画	9.30	2012-02-24
	ネパール	貧困農民支援	2.50	2012-04-29
21	ネパール	シンズリ道路建設計画(第三工区)	40.96	2012-07-10
22	ネパール	シンズリ道路建設計画(第二工区斜面対策)	9.01	2012-07-10
	ネパール	トリブバン国際空港近代化計画	9.89	2013-03-27
	ネパール	西部地域小水力発電所改善計画	15.71	2014-04-22
	ネパール	貧困削減戦略支援無償(教育)	3.00	2014-09-23
	ネパール	学校セクター改革計画	3.00	2015-07-10
	ネパール	ネパール地震復旧・復興計画	40.00	2016-02-17
	ネパール	人材育成奨学計画	2.92	2016-07-04
	ネパール	学校セクター開発計画	3.00	2016-08-31
	ネパール	主要空港航空安全設備整備計画	14.52	2016-08-31
	ネパール	トリブバン大学教育病院医療機材整備計画	7.54	2016-12-28
	ネパール	ポカラ上水道改善計画	48.13	2017-02-15
	ネパール	人材育成奨学計画	2.82	2017-07-07
	ネパール	学校セクター開発計画	3.00	2017-08-15
	ネパール	人材育成奨学計画	2.82	2018-07-13
	ネパール	学校セクター開発計画	3.00	2018-10-05
	ネパール	シンズリ道路震災復旧計画	10.47	2018-10-25
	パキスタン	ポリオ撲滅計画	4.22	2009-01-29
	パキスタン	ポリオ撲滅計画	4.03	2009-12-09
	パキスタン	太陽光を活用したクリーンエネルギー導入計画	4.80	2010-02-11
	パキスタン	アボタバード市上水道整備計画(詳細設計)	0.53	2010-02-17
23	パキスタン	アボタバード市上水道整備計画	36.44	2010-09-14
	パキスタン	ラホール市下水・排水機材緊急復旧計画	12.23	2010-09-27
	パキスタン	ファイサラバード上水道拡充計画	7.99	2010-09-27
	パキスタン	ポリオ撲滅計画	3.95	2010-12-14
	パキスタン	パンジャブ州技術短期大学強化計画	8.67	2011-07-06
	パキスタン	洪水警報及び管理能力強化計画	2.84	2011-07-12
	パキスタン	ポリオ感染拡大防止・撲滅計画	2.03	2011-11-03
	パキスタン	国立民俗文化遺産研究所視聴覚機材整備計画	0.49	2012-05-14
	パキスタン	ファイサラバード下水・排水能力改善計画	6.83	2012-08-13
	パキスタン	カラチ小児病院改善計画	14.23	2012-12-21
	パキスタン	中波ラジオ放送網改修計画	13.85	2012-12-21
	パキスタン	ポリオ感染拡大防止・撲滅計画	2.26	2013-03-11
	パキスタン	空港保安強化計画	19.46	2013-10-31
	パキスタン	シンド州南部農村部女子前期中等教育強化計画	8.08	2014-02-11
	パキスタン	ポリオ感染拡大防止・撲滅計画	3.89	2014-03-07
	パキスタン	グジュランワラ下水・排水能力改善計画	10.31	2014-11-13
	パキスタン	中期気象予報センター設立及び気象予報システム強化計画	26.15	2014-11-13
	パキスタン	ポリオ感染拡大防止・撲滅計画	5.62	2014-11-17
	パキスタン	ラホール給水設備エネルギー効率化計画(詳細設計)	0.57	2015-01-28
	パキスタン	カラチ港及びビンカシム港治安強化計画	18.77	2015-01-28

掲載ページ	国名	案件名	金額(億円)	G/A署名日
	パキスタン	第二次洪水警報及び管理能力強化計画	4.89	2015-03-10
24	パキスタン	ラホール給水設備エネルギー効率化計画	25.54	2015-06-18
	パキスタン	ファイサラバード市中継ポンプ場及び最終配水池ポンプ機材改善計画	16.16	2015-06-18
	パキスタン	連邦直轄部族地域における農業経済復興・開発支援計画	5.99	2015-07-02
	パキスタン	カラチ気象観測用レーダー設置計画	19.49	2015-07-08
	パキスタン	シンド州北部農村部女子前期中等教育強化計画	9.73	2016-03-01
25	パキスタン	送変電設備運用・維持研修所強化計画	9.94	2016-03-01
	パキスタン	ポリオ感染拡大防止・撲滅計画	3.60	2016-03-15
	パキスタン	ポリオ感染拡大防止・撲滅計画	4.04	2016-11-29
	パキスタン	ポリオ感染拡大防止・撲滅計画	5.20	2017-10-18
	パキスタン	連邦直轄部族地域における生計回復計画	5.60	2018-02-27
	パキスタン	ノンフォーマル教育強化計画	3.93	2018-02-28
	パキスタン	国立保健研究所ポリオ検査室改善計画	3.55	2018-03-02
	パキスタン	第二次空港保安強化計画	23.92	2018-03-27
	パキスタン	人材育成奨学計画	3.28	2018-08-31
	パキスタン	ムルタン市気象レーダー整備計画	20.42	2018-08-31
	バングラデシュ	ダッカ市廃棄物管理低炭素化転換計画	12.15	2009-02-18
	バングラデシュ	食糧援助	8.80	2009-07-29
	バングラデシュ	人材育成奨学計画	2.31	2010-06-13
	バングラデシュ	人材育成奨学計画	1.95	2011-07-03
	バングラデシュ	貧困削減戦略支援無償	5.00	2011-09-13
	バングラデシュ	食糧備蓄能力強化計画(詳細設計)	0.42	2012-02-08
	バングラデシュ	人材育成奨学計画	2.02	2012-06-17
26	バングラデシュ	食糧備蓄能力強化計画	21.56	2012-06-17
	バングラデシュ	貧困削減戦略支援無償(教育)	5.00	2012-12-12
	バングラデシュ	地下水調査及び深層帯水層水源開発計画	7.28	2013-02-20
	バングラデシュ	人材育成奨学計画	1.80	2013-06-27
	バングラデシュ	貧困削減戦略支援無償(教育)	5.00	2013-11-28
	バングラデシュ	航空保安設備整備計画	24.02	2014-03-31
	バングラデシュ	人材育成奨学計画	2.06	2014-05-15
	バングラデシュ	ダッカ及びラングプール気象レーダー整備計画(詳細設計)	0.24	2015-03-18
	バングラデシュ	廃棄物管理機材整備計画	14.86	2015-05-20
	バングラデシュ	人材育成奨学計画	3.15	2015-05-31
	バングラデシュ	ダッカ及びラングプール気象レーダー整備計画	28.81	2015-06-24
	バングラデシュ	第三次初等教育開発計画	4.90	2016-02-09
	バングラデシュ	人材育成奨学計画	3.93	2016-05-22
	バングラデシュ	第三次初等教育開発計画	5.00	2017-02-08
	バングラデシュ	人材育成奨学計画(3年型)	3.45	2017-08-08
	バングラデシュ	人材育成奨学計画	4.44	2017-08-08
	バングラデシュ	人材育成奨学計画	4.33	2018-06-20
	バングラデシュ	沿岸部及び内陸水域における救助能力強化計画	27.29	2018-08-27
	フィリピン	食糧援助	8.60	2009-01-28
	フィリピン	農地改革地域橋梁整備計画(詳細設計)	0.13	2009-04-20
	フィリピン	貧困農民支援	4.80	2009-04-20
	フィリピン	気象レーダーシステム整備計画(詳細設計)	0.23	2009-05-27
	フィリピン	農地改革地域橋梁整備計画	6.10	2009-05-27
	フィリピン	人材育成奨学計画	3.01	2009-05-27
	フィリピン	カミギン島防災復旧計画	10.13	2009-06-19
	フィリピン	気象レーダーシステム整備計画	33.50	2009-11-13
	フィリピン	オーロラ記念病院改善計画	10.89	2010-03-26
	フィリピン	人材育成奨学計画	2.62	2011-07-04
30	フィリピン	マヨン火山周辺地域避難所整備計画	7.39	2011-08-18
	フィリピン	第二次農地改革地域橋梁整備計画	13.94	2012-05-04
	フィリピン	広域防災システム整備計画	10.00	2012-06-26
	フィリピン	人材育成奨学計画	2.58	2012-08-02
	フィリピン	イサベラ州小水力発電計画	1.47	2013-04-30

掲載ページ	国名	案件名	金額(億円)	G/A署名日
	フィリピン	イフガオ州小水力発電計画	9.22	2013-04-30
	フィリピン	人材育成奨学計画	2.63	2013-07-26
	フィリピン	メトロセブ水道区上水供給改善計画	11.65	2014-04-24
	フィリピン	沿岸警備通信システム強化計画	11.52	2014-04-24
28	フィリピン	台風ヨランダ災害復旧・復興計画	46.00	2014-05-12
	フィリピン	人材育成奨学計画	2.39	2014-07-14
	フィリピン	ミンダナオの紛争影響地域におけるコミュニティ開発計画	11.17	2015-05-25
	フィリピン	人材育成奨学計画	2.58	2015-07-29
	フィリピン	ラワアン市及びマラブット市行政庁舎再建計画	5.07	2015-12-29
	フィリピン	人材育成奨学計画	2.74	2016-06-24
	フィリピン	バンサモロ地域配電網機材整備計画	7.71	2017-03-30
	フィリピン	違法薬物使用者治療強化計画	18.50	2017-04-03
	フィリピン	人材育成奨学計画	2.64	2017-07-10
	フィリピン	国民テレビ放送網番組ソフト整備計画	0.38	2017-07-11
	フィリピン	マラウィ市及び周辺地域における復旧・復興支援計画	20.00	2018-05-15
	フィリピン	カガヤン・デ・オロ川洪水予警報システム改善計画	12.78	2018-06-25
	フィリピン	人材育成奨学計画	3.25	2018-06-25
	フィリピン	人材育成奨学計画(3年型)	2.38	2018-06-25
	ブータン	第三次橋梁架け替え計画(詳細設計)	0.62	2009-03-13
	ブータン	貧困農民支援	1.80	2009-03-13
	ブータン	第三次橋梁架け替え計画	24.94	2009-06-19
	ブータン	第二次農村道路建設機材整備計画	5.97	2010-01-19
	ブータン	救急車整備計画	1.61	2011-01-25
	ブータン	貧困農民支援	1.30	2011-03-21
	ブータン	サイクロン災害復興支援計画	10.19	2011-08-08
	ブータン	貧困農民支援	1.10	2013-02-07
	ブータン	サルパン県タクライ灌漑システム改善計画(詳細設計)	0.46	2013-02-07
	ブータン	サルパン県タクライ灌漑システム改善計画	10.51	2013-06-28
	ブータン	貧困農民支援	1.10	2014-04-16
	ブータン	第二次救急車整備計画	1.72	2015-03-19
31	ブータン	国道一号線橋梁架け替え計画	19.56	2015-03-31
	ブータン	第三次農村道路建設機材整備計画	9.66	2016-03-25
	ブータン	賃耕のための農業機械整備計画	2.50	2016-10-25
	ブータン	国道4号線橋梁架け替え計画	21.56	2016-12-26
	ブータン	国立病院及び地域中核病院における医療機材整備計画	5.61	2017-03-27
	ブータン	災害用緊急時移動通信網整備計画	9.79	2017-12-20
	ブータン	人材育成奨学計画	1.83	2018-07-03
	ベトナム	第二次中南部海岸保全林植林計画	4.87	2009-07-06
	ベトナム	貧困農民支援	3.60	2009-10-29
	ベトナム	国立産婦人科病院機材整備計画	4.61	2010-02-08
	ベトナム	人材育成奨学計画	3.62	2010-07-12
	ベトナム	クアンガイ省小規模貯水池修復計画	6.98	2010-08-11
	ベトナム	人材育成奨学計画	3.29	2011-07-20
	ベトナム	税関近代化のための通関電子化及びナショナル・シングルウィンドウ導入計画	26.61	2012-03-22
	ベトナム	ハノイ首都圏高速道路交通管制システム整備計画	5.27	2012-03-29
	ベトナム	第二次中部地方橋梁改修計画	7.49	2012-05-08
	ベトナム	人材育成奨学計画	3.43	2012-07-25
	ベトナム	人材育成奨学計画	3.24	2013-07-18
	ベトナム	ベトナムテレビ番組ソフト整備計画	0.49	2014-04-11
	ベトナム	人材育成奨学計画	3.53	2014-08-01
	ベトナム	人材育成奨学計画	3.54	2015-08-10
32	ベトナム	ホイアン市日本橋地域水質改善計画	11.10	2015-12-21
	ベトナム	ハイフォン市アンズオン浄水場改善計画	21.96	2016-02-26
	ベトナム	人材育成奨学計画	3.90	2016-06-30
	ベトナム	人材育成奨学計画(3年型)	3.43	2017-07-11

掲載ページ	国名	案件名	金額(億円)	G/A署名日
	ベトナム	人材育成奨学計画	7.41	2017-07-11
	ベトナム	水に関連する災害管理情報システムを用いた緊急のダムの運用及び効果的な洪水管理計画	18.44	2017-08-10
	ベトナム	人材育成奨学計画	7.45	2018-07-17
	ミャンマー	貧困農民支援	2.00	2009-01-26
	ミャンマー	人材育成奨学計画	3.48	2009-10-30
	ミャンマー	サイクロン「ナルギス」被災地小学校兼サイクロンシェルター建設計画	5.81	2009-12-23
	ミャンマー	食糧援助	5.10	2010-04-09
	ミャンマー	結核対策薬品機材整備計画	3.08	2010-06-10
	ミャンマー	人材育成奨学計画	3.02	2010-09-03
	ミャンマー	人材育成奨学計画	2.60	2011-09-28
	ミャンマー	中央乾燥地村落給水計画	6.29	2012-02-13
	ミャンマー	少数民族地域を含む貧困地域への食糧支援計画	8.14	2012-05-24
	ミャンマー	人材育成奨学計画	2.51	2012-08-03
33	ミャンマー	沿岸部防災・災害復興支援無償機能強化のためのマングローブ植林計画	5.83	2012-08-03
	ミャンマー	中部地域保健施設整備計画	12.56	2012-10-25
	ミャンマー	エーヤーワディ・デルタ輪中堤復旧機材整備計画	11.60	2012-10-29
	ミャンマー	通信網緊急改善計画	17.10	2012-12-28
	ミャンマー	カレン州道路建設機材整備計画	7.59	2013-03-22
	ミャンマー	気象観測装置整備計画	38.42	2013-03-22
	ミャンマー	全国空港保安設備整備計画	12.33	2013-03-22
	ミャンマー	バルーチャン第二水力発電所補修計画	66.69	2013-03-22
	ミャンマー	病院医療機材整備計画	11.40	2013-03-22
	ミャンマー	ヤンゴン市フェリー整備計画	11.68	2013-03-22
	ミャンマー	少数民族地域における食糧支援計画	20.00	2013-03-22
	ミャンマー	少数民族地域におけるコミュニティ開発・復旧計画	7.00	2013-03-22
	ミャンマー	少数民族地域における地方行政能力、生計及び社会統合向上計画	13.00	2013-03-22
	ミャンマー	少数民族地域における避難民支援計画	6.51	2013-03-22
	ミャンマー	貧困農民支援	2.30	2013-05-20
	ミャンマー	農業人材育成機関強化計画	10.08	2013-05-20
	ミャンマー	人材育成奨学計画	4.56	2013-08-14
34	ミャンマー	ヤンゴン市上水道施設緊急整備計画	19.00	2013-09-28
	ミャンマー	中央銀行業務ICTシステム整備計画	51.00	2013-10-25
	ミャンマー	第二次気象観測装置整備計画	2.31	2013-11-11
	ミャンマー	ミャンマーラジオテレビ局番組ソフト及び放送編集機材整備計画	0.82	2013-11-11
	ミャンマー	ラカイン州道路建設機材整備計画	7.38	2014-02-20
	ミャンマー	ヤンゴン市内総合病院医療機材整備計画	9.78	2014-02-28
	ミャンマー	鉄道中央監視システム及び保安機材整備計画	40.00	2014-03-24
	ミャンマー	カチン州及びラカイン州における避難民の子供に対する緊急支援計画	3.00	2014-03-24
	ミャンマー	ミャンマー南東部、ラカイン州、カチン州及び北部シャン州における避難民援助計画	3.00	2014-03-24
	ミャンマー	ラカイン州、カチン州及び北部シャン州における避難民に対する緊急食糧支援計画	10.00	2014-03-24
	ミャンマー	通関電子化を通じたナショナル・シングルウィンドウ構築及び税関近代化計画	39.90	2014-04-25
	ミャンマー	人材育成奨学計画	4.68	2014-05-12
	ミャンマー	貧困農民支援	2.30	2014-05-14
35	ミャンマー	カヤー州ロイコー総合病院整備計画	19.45	2014-05-29
	ミャンマー	シャン州ラーショー総合病院整備計画	15.10	2014-05-29
	ミャンマー	教員養成校改善計画	25.13	2014-06-10
	ミャンマー	新タケタ橋建設計画	42.16	2014-06-10
	ミャンマー	工科系大学拡充計画	25.82	2014-08-04
	ミャンマー	マラリア対策機材整備計画	1.46	2014-11-05

掲載ページ	国　名	案　件　名	金額(億円)	G/A署名日
	ミャンマー	港湾近代化のための電子情報処理システム整備計画	17.20	2015-03-26
	ミャンマー	少数民族地域及びヤンゴンにおける貧困層コミュニティ緊急支援計画	6.31	2015-03-27
	ミャンマー	少数民族地域における子供に対する緊急支援計画	4.52	2015-03-27
	ミャンマー	少数民族地域における避難民緊急支援計画	2.79	2015-03-27
	ミャンマー	少数民族地域における緊急食糧支援計画	10.00	2015-03-27
36	ミャンマー	マンダレー市上水道整備計画	25.55	2015-06-03
	ミャンマー	人材育成奨学計画	4.87	2015-06-23
37	ミャンマー	第二次中央乾燥地村落給水計画	12.42	2015-09-24
	ミャンマー	カチン州及びチン州道路建設機材整備計画	27.40	2015-10-01
	ミャンマー	洪水及び地滑り被害地における学校復旧計画	15.00	2015-12-22
	ミャンマー	口蹄疫対策改善計画	14.17	2016-06-02
	ミャンマー	人材育成奨学計画	5.94	2016-06-23
	ミャンマー	ミャンマーラジオテレビ局放送機材拡充計画	22.63	2017-03-29
	ミャンマー	マグウェイ総合病院整備計画	22.81	2017-04-02
	ミャンマー	人材育成奨学計画	6.10	2017-06-13
	ミャンマー	ダウェイ総合病院整備計画	26.65	2018-02-06
	ミャンマー	ヤンゴン新専門病院建設計画	86.61	2018-03-22
	ミャンマー	人材育成奨学計画	6.20	2018-06-28
	ミャンマー	金融市場インフラ整備計画	55.49	2018-08-08
	ミャンマー	マンダレー港開発計画	60.33	2018-10-03
	モルディブ	食糧援助	3.80	2009-03-19
	モルディブ	食糧援助	3.40	2009-09-15
	モルディブ	マレ島におけるクリーンエネルギー促進計画	10.00	2010-03-25
	モルディブ	地上デジタルテレビ放送網整備計画	27.92	2017-05-30
	モンゴル	ウランバートル市高架橋建設計画(詳細設計)	0.94	2009-01-22
	モンゴル	ダルハン市給水施設改善計画(詳細設計)	0.43	2009-01-22
	モンゴル	第四次初等教育施設整備計画(詳細設計)	0.79	2009-01-22
	モンゴル	カラコルム博物館建設計画	4.96	2009-01-22
38	モンゴル	ウランバートル市高架橋建設計画	36.58	2009-05-27
	モンゴル	人材育成奨学計画	2.69	2009-05-27
	モンゴル	ゲル地区生活環境改善計画	5.61	2009-06-24
	モンゴル	ダルハン市給水施設改善計画	9.40	2009-07-22
	モンゴル	第四次初等教育施設整備計画	32.62	2009-08-18
	モンゴル	食糧援助	5.70	2009-12-11
	モンゴル	太陽光を活用したクリーンエネルギー導入計画	5.90	2009-12-11
	モンゴル	人材育成奨学計画	2.47	2010-05-04
	モンゴル	淡水資源・自然保護計画	7.56	2010-05-04
	モンゴル	ウランバートル市水供給改善計画(詳細設計)	1.02	2010-09-03
	モンゴル	国立ラジオ・テレビ大学教育機材整備計画	1.01	2010-09-03
	モンゴル	ウランバートル市水供給改善計画	33.05	2011-06-21
	モンゴル	人材育成奨学計画	2.20	2011-06-21
	モンゴル	ウランバートル市消火技術及び消防機材改善計画	8.40	2012-03-12
	モンゴル	文化遺産センター分析機材整備計画	0.47	2012-03-12
	モンゴル	人材育成奨学計画	2.17	2012-05-30
	モンゴル	人材育成奨学計画	2.36	2013-06-28
	モンゴル	モンゴル国営放送番組ソフト整備計画	0.72	2014-03-12
	モンゴル	人材育成奨学計画	2.42	2014-06-04
	モンゴル	日本モンゴル教育病院建設計画(詳細設計)	1.41	2014-12-18
	モンゴル	国立博物館収蔵品保存機材整備計画	0.42	2015-03-11
	モンゴル	日本モンゴル教育病院建設計画	79.85	2015-05-12
	モンゴル	人材育成奨学計画	2.45	2015-05-12
	モンゴル	人材育成奨学計画(3年型)	2.31	2016-06-30
	モンゴル	人材育成奨学計画	3.24	2016-06-30
	モンゴル	人材育成奨学計画	3.07	2017-06-29
	モンゴル	ウランバートル市初等・中等教育施設整備計画	23.79	2017-11-30
	モンゴル	人材育成奨学計画	3.09	2018-06-25
	ラオス	第二次日本・ラオス武道館建設計画	2.02	2008-12-19
	ラオス	南部三県学校環境改善計画	6.85	2009-02-12
	ラオス	人材育成奨学計画	2.97	2009-05-25
	ラオス	太陽光を活用したクリーンエネルギー導入計画	4.80	2010-03-09
	ラオス	森林資源情報センター整備計画	4.75	2010-03-09
	ラオス	人材育成奨学計画	2.77	2010-05-14
	ラオス	チャンパサック県及びサバナケット県学校環境改善計画	10.18	2010-06-15
	ラオス	国営テレビ局番組ソフト整備計画	0.76	2011-03-18
	ラオス	首都ビエンチャン市公共バス交通改善計画	5.00	2011-03-18
	ラオス	人材育成奨学計画	2.52	2011-06-20
	ラオス	国道九号線(メコン地域東西経済回廊)整備計画	32.73	2011-08-03
	ラオス	ビエンチャン国際空港拡張計画	19.35	2011-08-03
	ラオス	幹線道路周辺地区等の安全確保計画	9.00	2012-06-05
	ラオス	人材育成奨学計画	2.42	2012-06-05
	ラオス	タケク上水道拡張計画(詳細設計)	0.41	2013-02-20
40	ラオス	小水力発電計画	17.75	2013-03-29
	ラオス	南部地域保健サービスネットワーク強化計画	7.41	2013-03-29
	ラオス	次世代航空保安システムへの移行のための機材整備計画	5.33	2013-03-29
41	ラオス	タケク上水道拡張計画	16.43	2013-06-04
	ラオス	人材育成奨学計画	2.50	2013-06-04
	ラオス	国道16B号線セコン橋建設計画(詳細設計)	0.84	2014-01-13
42	ラオス	環境的に持続可能な都市における廃棄物管理改善計画	13.84	2014-03-11
	ラオス	気象水文システム整備計画	5.84	2014-03-11
	ラオス	南部地域前期中等教育環境改善計画	10.69	2014-03-11
43	ラオス	国道十六B号線セコン橋建設計画	21.97	2014-05-19
	ラオス	人材育成奨学計画	2.57	2014-05-19
	ラオス	漁業養殖研究開発強化計画	7.14	2015-06-05
	ラオス	人材育成奨学計画	2.61	2015-06-05
	ラオス	国道九号線橋梁改修計画(詳細設計)	0.70	2016-01-13
	ラオス	人材育成奨学計画(3年型)	2.47	2016-06-06
	ラオス	国道九号線橋梁改修計画	25.28	2016-07-08
	ラオス	人材育成奨学計画	3.08	2016-07-08
	ラオス	中南部地域中等学校環境改善計画(詳細設計)	0.46	2017-06-29
	ラオス	人材育成奨学計画	3.21	2017-06-29
	ラオス	中南部地域中等学校環境改善計画	13.69	2017-10-25
	ラオス	タゴン灌漑農業改善計画	8.37	2018-01-25
	ラオス	セタティラート病院及びチャンパサック県病院整備計画	19.40	2018-02-15
	ラオス	人材育成奨学計画	3.10	2018-06-29
	中華人民共和国	人材育成奨学計画	5.56	2009-07-23
	中華人民共和国	人材育成奨学計画	4.92	2010-08-25
	中華人民共和国	人材育成奨学計画	3.83	2011-08-12
	東ティモール	ベモス-ディリ給水施設緊急改修計画	6.94	2009-05-26
	東ティモール	食糧援助	2.20	2010-01-21
	東ティモール	母子保健改善計画	1.37	2010-03-04
	東ティモール	太陽光を活用したクリーンエネルギー導入計画	5.00	2010-07-08
	東ティモール	オエクシ港緊急改修計画	11.75	2010-12-14
	東ティモール	第二次ベモス-ディリ給水施設緊急改修計画	2.72	2011-01-31
	東ティモール	モラ橋護岸計画(詳細設計)	0.26	2013-03-21
	東ティモール	モラ橋護岸計画	11.08	2013-08-15
27	東ティモール	ブルト灌漑施設改修計画	14.99	2013-12-06
	東ティモール	コモロ川上流新橋建設計画(詳細設計)	0.86	2014-04-10
	東ティモール	コモロ川上流新橋建設計画	26.05	2015-11-30
	東ティモール	東ティモール国立大学工学部新校舎建設計画	22.31	2016-03-15

掲載ページ	国名	案件名	金額(億円)	G/A署名日
	東ティモール	ディリ港フェリーターミナル緊急移設計画	21.97	2016-09-30
	東ティモール	人材育成奨学計画	1.59	2018-10-12
中東				
	イエメン	貧困農民支援	5.10	2009-08-15
	イエメン	地方給水整備計画(詳細設計)	0.86	2009-11-17
	イエメン	国立サヌア大学中央研究室研究機材整備計画	0.89	2009-12-12
	イエメン	太陽光を活用したクリーンエネルギー導入計画	6.20	2009-12-12
	イエメン	ノクム道路建機センター機能強化計画	7.07	2010-04-28
	イエメン	地方給水整備計画	15.94	2010-05-17
	イラン	テヘラン市大気汚染分析機材整備計画	12.42	2018-02-12
	イラン	テヘラン市医療機材整備計画	15.34	2018-02-12
	エジプト	貧困農民支援	4.70	2009-03-23
	エジプト	太陽光を活用したクリーンエネルギー導入計画	9.70	2010-02-11
	エジプト	カイロ大学小児病院外来診療施設建設計画	15.60	2015-12-14
	エジプト	エジプト・日本科学技術大学教育・研究機材調達計画	20.00	2016-07-26
	エジプト	第二次エジプト・日本科学技術大学教育・研究機材調達計画	9.93	2017-12-18
	シリア	救急医療整備計画	8.61	2009-02-04
	シリア	太陽光を活用したクリーンエネルギー導入計画	5.60	2010-03-04
	シリア	第二次地方都市廃棄物処理機材整備計画	9.85	2010-03-04
	シリア	アレッポ大学学術交流日本センター日本語学習機材整備計画	0.24	2010-03-04
	チュニジア	南部地下水淡水化計画	10.23	2010-03-18
	チュニジア	治安対策機能強化機材整備計画	6.87	2015-01-15
	チュニジア	チュニジアテレビ番組ソフト整備計画	0.37	2015-04-15
	パレスチナ	ヨルダン川西岸地区学校建設計画	9.00	2009-02-26
	パレスチナ	食糧援助	6.00	2009-07-16
	パレスチナ	感染症対策計画	1.21	2009-08-11
	パレスチナ	食糧援助	2.70	2009-08-12
	パレスチナ	太陽光を活用したクリーンエネルギー導入計画	6.00	2009-12-21
	パレスチナ	ヨルダン渓谷コミュニティのための公共サービス活動支援計画	11.76	2010-03-02
46	パレスチナ	ジェリコ市水環境改善・有効活用計画	26.50	2011-02-28
	パレスチナ	西岸地域廃棄物管理改善計画	8.00	2012-12-08
	パレスチナ	ジェリコ・ヒシャム宮殿遺跡大浴場保護シェルター建設及び展示計画(詳細設計)	0.74	2016-05-10
	パレスチナ	ジェリコ・ヒシャム宮殿遺跡大浴場保護シェルター建設及び展示計画	12.35	2016-09-06
	モロッコ	高アトラス地域における洪水予警報システム構築計画	5.86	2011-03-23
45	モロッコ	貝類養殖技術研究センター建設計画	12.00	2015-06-16
	モロッコ	治安対策機能強化機材整備計画	3.88	2015-07-13
	ヨルダン	上水道エネルギー効率改善計画	11.32	2010-02-28
	ヨルダン	南部地域給水改善計画(詳細設計)	0.47	2011-01-12
	ヨルダン	南部地域給水改善計画	19.11	2011-06-14
	ヨルダン	アル・カラマ国境治安対策強化計画	5.42	2012-05-17
	ヨルダン	ペトラ博物館建設計画	7.84	2014-03-01
48	ヨルダン	北部地域シリア難民受入コミュニティ水セクター緊急改善計画	25.10	2014-03-13
	ヨルダン	バルカ県送配水網改修・拡張計画	22.38	2014-11-26
	ヨルダン	第二次北部地域シリア難民受入コミュニティ水セクター緊急改善計画	24.12	2017-05-22
	ヨルダン	第二次バルカ県送配水網改修・拡張計画	13.91	2017-08-14
	ヨルダン	北部シリア難民受入地域廃棄物処理機材整備計画	16.31	2018-05-01
	レバノン	国立科学研究評議会考古学研究機材整備計画	0.73	2017-04-03

掲載ページ	国名	案件名	金額(億円)	G/A署名日
アフリカ				
	アンゴラ	ヴィアナ職業訓練センター整備計画	8.44	2010-08-30
	アンゴラ	ポリオ撲滅計画	3.83	2011-02-22
	アンゴラ	ヴィアナ職業訓練センター機材整備計画	2.20	2011-12-05
	アンゴラ	ナミベ港改修計画	21.36	2017-02-27
	ウガンダ	稲研究・研修センター建設計画	6.51	2009-03-23
	ウガンダ	食糧援助	5.30	2009-07-20
	ウガンダ	中央ウガンダ地域医療施設改善計画(詳細設計)	1.35	2009-11-30
	ウガンダ	予防接種体制整備計画	4.51	2010-04-12
	ウガンダ	中央ウガンダ地域医療施設改善計画	17.41	2010-06-17
	ウガンダ	ウガンダ北部アチョリ地域国内避難民帰還・再定住促進のためのコミュニティ再建計画	11.53	2012-02-23
50	ウガンダ	アチョリ地域国内避難民の再定住促進のための給水計画	9.73	2013-07-04
	ウガンダ	第三次地方電化計画	12.04	2013-07-04
	ウガンダ	西部ウガンダ地域医療施設改善計画	18.17	2013-11-28
51	ウガンダ	クイーンズウェイ変電所改修計画	25.19	2014-11-25
	ウガンダ	ウガンダ北部グル市内道路改修計画	21.36	2016-09-13
	ウガンダ	ウガンダ東部チョガ湖流域地方給水計画	17.06	2017-05-05
	ウガンダ	北部ウガンダ地域中核病院改善計画	28.60	2018-04-26
	エスワティニ(旧スワジランド)	食糧援助	2.40	2010-03-31
	エスワティニ(旧スワジランド)	中等教育改善計画	11.43	2011-03-24
	エスワティニ(旧スワジランド)	効果的な災害危機管理のためのシステム強化計画	0.92	2013-05-17
	エスワティニ(旧スワジランド)	包摂的な教育の推進のための中等学校建設計画	17.23	2017-06-29
	エチオピア	オロミア州給水計画(詳細設計)	0.28	2009-01-23
	エチオピア	食糧援助	8.60	2009-02-12
	エチオピア	地下水開発機材整備計画	5.57	2009-03-10
	エチオピア	緊急給水計画	8.00	2009-04-23
	エチオピア	オロミア州給水計画	10.29	2009-07-16
	エチオピア	食糧援助	7.40	2009-07-23
	エチオピア	ティグライ州地方給水計画(詳細設計)	1.04	2010-01-26
	エチオピア	貧困農民支援	5.90	2010-03-18
	エチオピア	食糧援助	8.50	2010-03-18
	エチオピア	ティグライ州地方給水計画	12.64	2010-05-14
	エチオピア	アバイ渓谷ゴハチオンーデジェン幹線道路機材整備計画	9.60	2010-06-25
	エチオピア	国道一号線アワシュ橋架け替え計画(詳細設計)	0.45	2011-03-08
52	エチオピア	国道一号線アワシュ橋架け替え計画	12.01	2011-06-09
	エチオピア	第四次幹線道路改修計画	41.58	2011-06-09
	エチオピア	アムハラ州中学校建設計画	12.08	2011-06-09
	エチオピア	貧困農民支援	4.90	2012-03-06
	エチオピア	第四次幹線道路改修計画(詳細設計)	0.72	2012-12-05
	エチオピア	南部諸民族州小中学校建設計画	13.10	2012-12-05
	エチオピア	貧困農民支援	4.90	2012-12-25
	エチオピア	アムハラ州南部地方小都市給水計画	6.33	2013-06-10
	エチオピア	第四次幹線道路改修計画	75.21	2013-06-10
	エチオピア	貧困農民支援	5.20	2014-04-15
	エチオピア	南部諸民族州リフトバレー地域給水計画	13.24	2015-03-19
	エチオピア	幹線道路軸重計整備計画	5.97	2015-04-17
	エチオピア	坑口地熱発電システム整備計画	18.42	2017-12-06
	エチオピア	ティグライ州中等学校建設計画	14.38	2017-12-06
	エチオピア	バハルダール市上水道整備計画	18.36	2017-12-06
	エチオピア	TICAD産業人材育成センター建設計画	29.31	2018-03-30
	エリトリア	貧困農民支援	1.38	2010-03-26
	ガーナ	国道8号線改修計画(詳細設計)	1.10	2009-02-27
	ガーナ	貧困削減戦略支援無償	3.50	2009-03-10
	ガーナ	食糧援助	9.50	2009-04-20

掲載ページ	国　名	案　件　名	金額（億円）	G/A署名日
	ガーナ	国道八号線改修計画	87.14	2009-07-07
	ガーナ	基礎教育機会改善計画	6.05	2009-08-13
	ガーナ	貧困削減戦略支援無償	3.36	2010-03-12
	ガーナ	貧困農民支援	4.60	2010-03-12
	ガーナ	太陽光を活用したクリーンエネルギー導入計画	6.10	2010-03-12
	ガーナ	貧困削減戦略支援無償（一般）	3.40	2011-02-04
	ガーナ	貧困削減戦略支援無償（保健）	2.00	2011-03-02
	ガーナ	貧困削減戦略支援無償（保健）	2.00	2012-02-28
	ガーナ	貧困削減戦略支援無償	3.50	2012-02-28
	ガーナ	アッパーウエスト州地域保健施設整備計画	9.89	2012-05-17
	ガーナ	人材育成奨学計画	1.14	2012-05-17
	ガーナ	貧困農民支援	3.20	2013-03-14
	ガーナ	貧困削減戦略支援無償（保健）	2.00	2013-03-14
	ガーナ	配電設備整備計画	16.86	2013-05-06
	ガーナ	人材育成奨学計画	1.20	2013-07-12
53	ガーナ	セコンディ水産業振興計画	21.69	2014-04-29
	ガーナ	貧困削減戦略支援無償（保健）	2.00	2014-04-29
	ガーナ	貧困農民支援	3.30	2014-04-29
	ガーナ	人材育成奨学計画	1.24	2014-07-22
	ガーナ	貧困削減戦略支援無償（保健）	2.00	2015-06-19
	ガーナ	人材育成奨学計画	1.48	2015-07-03
	ガーナ	アクラ中心部電力供給強化計画	43.57	2015-12-08
	ガーナ	野口記念医学研究所先端感染症研究センター建設計画	22.85	2016-05-19
	ガーナ	人材育成奨学計画	1.72	2016-05-19
	ガーナ	ガーナ国際回廊改善計画（テマ交差点改良計画）	62.59	2017-03-31
	ガーナ	貧困削減戦略計画（保健セクター）	2.00	2017-03-31
	ガーナ	人材育成奨学計画	1.84	2017-08-02
	ガーナ	ガーナ放送協会テレビ番組制作機材整備計画	0.92	2018-03-08
	ガーナ	人材育成奨学計画	1.90	2018-07-10
	カーボヴェルデ	サンティアゴ島給水計画	8.29	2009-03-27
	カーボヴェルデ	食糧援助	3.70	2009-03-27
	カーボヴェルデ	食糧援助	3.40	2010-03-19
	ガボン	ガボン柔道柔術連盟柔道器材整備計画	0.43	2009-06-26
	ガボン	リーブルビル零細漁業支援センター建設計画	11.62	2009-06-26
	ガボン	太陽光を活用したクリーンエネルギー導入計画	6.70	2010-03-18
	カメルーン	第四次小学校建設計画	10.98	2009-03-31
	カメルーン	コミュニティ参加を通じた村落環境整備計画	5.30	2010-03-31
	カメルーン	第五次小学校建設計画	9.66	2011-07-19
	カメルーン	第五次地方給水計画	7.68	2012-09-07
	カメルーン	極北州ディアマレ及びマヨ・カニ地区給水・衛生改善計画	3.74	2014-03-31
	カメルーン	ドゥアラ市ユプウェ水揚場・魚市場整備計画	13.57	2017-12-12
	ガンビア	食糧援助	4.80	2009-03-30
	ガンビア	第三次地方飲料水供給計画	8.97	2010-03-18
	ガンビア	貧困農民支援	2.30	2010-03-18
	ガンビア	食糧援助	5.60	2010-03-18
	ギニア	母子保健改善計画	1.25	2010-03-12
	ギニア	国道一号線橋梁改修計画	16.06	2013-06-12
	ギニア	コナクリ市中部高台地区飲料水供給改善計画	13.19	2014-12-09
	ギニア	カボロ漁港整備計画	12.19	2017-08-11
	ギニア	第二次首都圏周辺地域小中学校建設計画	19.13	2017-10-04
	ギニアビサウ	食糧援助	3.00	2009-11-24
	ギニアビサウ	ガブ州、オイオ州における子供のための環境整備計画	8.65	2010-04-28
	ギニアビサウ	トンバリ州零細漁業施設建設計画	8.56	2010-06-09
	ギニアビサウ	貧困農民支援	1.75	2011-03-12
	ギニアビサウ	ビサウ市小学校建設計画	9.98	2012-02-13
	ケニア	カプサベット上水道拡張計画（詳細設計）	0.90	2009-01-28
	ケニア	HIV・AIDS対策計画	3.35	2009-01-28
	ケニア	ニャンド川流域気候変動に適応したコミュニティ洪水対策計画	4.83	2009-05-19
	ケニア	カプサベット上水道拡張計画	19.56	2009-07-06

掲載ページ	国　名	案　件　名	金額（億円）	G/A署名日
	ケニア	HIV・AIDS対策計画	3.08	2009-07-06
	ケニア	食糧援助	6.70	2009-09-23
	ケニア	ケニア国立博物館古人類学遺物保存及び視聴覚機材整備計画	0.62	2009-11-23
	ケニア	ナイロビ西部環状道路建設計画（詳細設計）	0.36	2010-02-23
	ケニア	第二次西部地域県病院整備計画	0.27	2010-03-19
	ケニア	エンブ市及び周辺地域給水システム改善計画	25.60	2010-07-26
	ケニア	ナイロビ西部環状道路建設計画	25.07	2010-11-16
	ケニア	食糧援助	9.40	2010-11-16
	ケニア	HIV・AIDS対策計画	2.94	2010-12-10
	ケニア	第二次地方給水計画	6.09	2011-08-08
	ケニア	ワクチン保管施設強化計画	8.99	2011-08-08
	ケニア	アフリカ理数科・技術教育センター拡充計画	5.81	2011-08-08
	ケニア	ウゴング道路拡幅計画	15.66	2012-06-02
	ケニア	バリンゴ郡村落給水計画（詳細設計）	1.31	2013-01-21
	ケニア	貧困農民支援	4.60	2013-01-21
	ケニア	ナロック給水拡張計画（詳細設計）	0.88	2013-02-27
54	ケニア	バリンゴ郡村落給水計画	10.42	2013-07-10
	ケニア	ナロック給水拡張計画	13.22	2013-07-10
	ケニア	第二次ウゴング道路拡幅計画	26.80	2017-07-04
	コートジボワール	食糧援助	5.30	2009-04-15
	コートジボワール	食糧援助	5.40	2009-11-26
	コートジボワール	感染症予防計画	1.83	2010-01-29
	コートジボワール	コミュニティ参加型森林回復計画	1.83	2013-05-14
	コートジボワール	日本・コートジボワール友好交差点改善計画	50.38	2015-07-10
	コートジボワール	コートジボワールラジオ・テレビ局番組ソフト及び番組制作機材整備計画	0.52	2015-12-31
	コートジボワール	ササンドラ市商業地帯開発のための船着場整備及び中央市場建設計画（詳細設計）	0.58	2016-06-16
	コートジボワール	ササンドラ市商業地帯開発のための船着場整備及び中央市場建設計画	29.27	2016-11-09
	コートジボワール	第二次日本・コートジボワール友好交差点改善計画（詳細設計）	1.68	2018-03-28
	コートジボワール	コートジボワール国営新聞・出版新社印刷工程及びデジタルアーカイブ機材整備計画	0.55	2018-03-28
	コモロ	食糧援助	4.70	2009-04-29
	コンゴ共和国	食糧援助	2.70	2010-06-25
	コンゴ共和国	小児感染症予防計画	1.59	2010-01-27
	コンゴ共和国	コミュニティ参加を通じた子供のための環境整備計画	5.29	2011-06-20
	コンゴ民主共和国	食糧援助	7.00	2009-04-30
	コンゴ民主共和国	小児感染症予防計画	2.81	2009-09-03
	コンゴ民主共和国	食糧援助	6.20	2009-10-08
	コンゴ民主共和国	キンシャサ市ポワ・ルー通り補修及び改修計画	17.51	2009-11-30
	コンゴ民主共和国	ンガリエマ浄水場改修計画	19.44	2010-02-16
	コンゴ民主共和国	ンガリエマ浄水場拡張計画（詳細設計）	0.81	2010-02-16
	コンゴ民主共和国	赤道州、東西カサイ州におけるコミュニティ参加を通じた子供のための環境整備計画	6.01	2010-04-29
55	コンゴ民主共和国	キンシャサ市ポワ・ルー通り補修及び改修計画（第二次）	33.52	2010-06-04
	コンゴ民主共和国	ンガリエマ浄水場拡張計画	36.33	2010-06-04
	コンゴ民主共和国	キンシャサ大学病院医療機材整備計画	7.28	2010-06-14
	コンゴ民主共和国	キンシャサ保健人材センター整備計画（詳細設計）	0.85	2011-01-13
	コンゴ民主共和国	キンシャサ保健人材センター整備計画	17.67	2011-08-11
56	コンゴ民主共和国	キンシャサ特別州国立職業訓練校整備計画	18.29	2012-06-18
	コンゴ民主共和国	マタディ橋保全計画	5.87	2014-12-23
	コンゴ民主共和国	カタンガ州ルブンバシ市国立職業訓練校整備計画	32.50	2016-04-28
	コンゴ民主共和国	国立生物医学研究所拡充計画	23.25	2017-05-26
	コンゴ民主共和国	柔道スポーツ施設建設計画	13.95	2018-05-28

掲載ページ	国　名	案　件　名	金額(億円)	G/A署名日
	コンゴ民主共和国	キンシャサ市道路維持管理機材整備計画	10.62	2018-08-07
	サントメ・プリンシペ	食糧援助	2.50	2010-01-14
	ザンビア	ンドラ市及びキトウェ市道路網整備計画(詳細設計)	0.37	2009-01-30
	ザンビア	ンドラ市及びキトウェ市道路網整備計画	26.92	2009-08-28
	ザンビア	ザンビア大学付属教育病院医療機材整備計画	3.24	2009-12-11
	ザンビア	第二次ルアプラ州地下水開発計画	7.12	2011-06-02
	ザンビア	ンドラ市上水道改善計画	21.16	2011-06-29
	ザンビア	ルサカ南部地域居住環境改善計画	27.76	2011-06-29
	ザンビア	貧困削減戦略支援無償(教育)	3.00	2012-03-28
	ザンビア	貧困削減戦略支援無償(教育)	3.00	2013-03-20
	ザンビア	ルサカ郡病院整備計画	19.99	2013-07-17
	ザンビア	コールドチェーン展開計画	2.21	2013-07-19
	ザンビア	第三次ルアプラ州地下水開発計画	8.58	2014-09-19
	ザンビア	貧困削減戦略支援無償(教育)	3.00	2016-07-15
	ザンビア	第二次ルサカ郡病院整備計画	39.08	2017-05-16
	シエラレオネ	感染症予防計画	2.66	2009-02-11
	シエラレオネ	小児感染症予防計画	1.22	2009-12-04
	シエラレオネ	カンビア地方給水整備計画	8.05	2011-01-20
	シエラレオネ	配電網緊急改修計画	15.52	2013-05-22
	シエラレオネ	第二次配電網緊急改修計画	1.40	2017-03-16
	ジブチ	ラジオ・テレビ放送局番組作成機材整備計画	9.25	2009-05-06
	ジブチ	食糧援助	8.60	2009-05-06
	ジブチ	太陽光を活用したクリーンエネルギー導入計画	6.10	2009-12-03
	ジブチ	初等・中等教員養成校建設計画	7.67	2010-02-18
	ジブチ	南部地方給水計画	4.89	2011-03-28
	ジブチ	廃棄物処理機材整備計画	13.46	2012-12-23
	ジブチ	ジブチ市消防救急機材改善計画	7.36	2013-04-02
	ジブチ	海上保安能力向上のための巡視艇建造計画	9.24	2014-04-10
	ジブチ	ジブチ・ラジオ・テレビ放送局番組ソフト整備計画	0.45	2015-03-23
	ジブチ	道路管理機材整備計画	12.39	2016-05-15
	ジンバブエ	小児感染症予防計画	2.21	2009-01-23
	ジンバブエ	小児感染症予防計画	1.25	2010-01-26
	ジンバブエ	小児感染症予防計画	4.64	2011-03-29
	ジンバブエ	ニャコンバ灌漑事業のための灌漑開発計画	17.91	2015-11-09
	ジンバブエ	南北回廊北部区間道路改修計画	22.88	2018-06-19
	スーダン	小児感染症予防計画	5.33	2009-07-30
	スーダン	食糧援助	6.60	2009-08-02
	スーダン	ダルフールにおける平和構築のための教育施設建設計画	5.30	2010-03-28
	スーダン	小児感染症予防計画	8.70	2010-11-10
	スーダン	カッサラ市給水緊急改善計画	10.86	2011-04-06
	スーダン	カッサラ市給水計画(詳細設計)	0.96	2011-08-22
57	スーダン	カッサラ市給水計画	17.90	2012-10-07
	スーダン	食料生産基盤整備計画	30.45	2012-10-07
	スーダン	ハルツーム州廃棄物管理能力向上計画	15.34	2014-02-20
58	スーダン	ハルツーム州郊外保健サービス改善計画	23.20	2015-09-16
	スーダン	コスティ市浄水場施設改善計画(詳細設計)	0.59	2015-12-01
	スーダン	コスティ市浄水場施設改善計画	40.87	2016-10-11
60	セーシェル	第二次マヘ島零細漁業施設整備計画	14.60	2016-03-22
	セネガル	タンバクンダ州及びケドゥグ州保健施設整備計画(詳細設計)	0.63	2009-01-27
	セネガル	第二次マリーセネガル南回廊道路橋梁建設計画(詳細設計)	0.15	2009-01-27
	セネガル	貧困農民支援	3.90	2009-03-30
	セネガル	緊急給水計画	10.00	2009-03-30
	セネガル	食糧援助	8.60	2009-03-30
	セネガル	タンバクンダ州及びケドゥグ州保健施設整備計画	16.62	2009-05-29

掲載ページ	国　名	案　件　名	金額(億円)	G/A署名日
69	セネガル	第二次マリーセネガル南回廊道路橋梁建設計画	6.55	2009-05-29
	セネガル	貧困農民支援	3.80	2009-11-24
61	セネガル	タンバクンダ州給水施設整備計画	13.00	2010-03-18
	セネガル	食糧援助	9.10	2010-03-18
	セネガル	職業訓練機能強化計画	10.74	2011-03-08
	セネガル	ダカール州及びティエス州小中学校建設計画	12.13	2011-03-08
	セネガル	貧困農民支援	2.90	2012-06-12
	セネガル	ルーガ州及びカオラック州中学校建設計画	11.64	2012-06-12
	セネガル	貧困農民支援	3.90	2013-01-21
	セネガル	ダカール州郊外中学校建設計画	12.90	2014-03-25
	セネガル	ファティック州教員研修センター整備計画	6.42	2014-03-25
	セネガル	貧困農民支援	4.10	2014-04-29
	セネガル	国立保健医療・社会開発学校母子保健実習センター建設計画	8.86	2014-08-19
	セネガル	農村地域における安全な水の供給と衛生環境改善計画	7.88	2015-05-07
	セネガル	カオラック州、ティエス州及びファティック州中学校建設計画	13.49	2015-07-10
	セネガル	ダカール港第三埠頭改修計画	39.71	2017-03-27
	セネガル	ダカール州配電網緊急改修・強化計画	29.34	2018-02-08
	セネガル	ンブール県水産物付加価値向上のための改良型水揚場整備計画	13.08	2018-03-22
	タンザニア	第二次ザンジバル市街地給水計画	14.19	2009-02-26
	タンザニア	ムワンザ州及びマラ州給水計画(詳細設計)	0.23	2009-03-03
	タンザニア	第二次オイスターベイ送配電施設強化計画	5.20	2009-03-03
	タンザニア	貧困削減戦略支援無償	5.20	2009-03-03
	タンザニア	ムワンザ州及びマラ州給水計画	10.22	2009-05-27
	タンザニア	HIV・AIDS対策計画	1.71	2009-09-25
	タンザニア	マサシーマンガッカ間道路整備計画	15.14	2009-12-03
	タンザニア	ニューバガモヨ道路拡幅計画(詳細設計)	0.60	2010-02-26
	タンザニア	食糧援助	9.70	2010-05-20
	タンザニア	ニューバガモヨ道路拡幅計画	50.95	2010-05-31
	タンザニア	HIV・AIDS対策計画	1.15	2010-10-18
	タンザニア	ンゴロンゴロ自然保護区ビジターセンター展示及び視聴覚機材整備計画	0.48	2010-10-18
	タンザニア	貧困削減戦略支援無償	4.70	2010-11-18
	タンザニア	貧困農民支援	4.00	2011-02-24
	タンザニア	ルスモ国際橋及び国境手続円滑化施設整備計画(詳細設計)	0.40	2011-03-24
	タンザニア	キリマンジャロ州地方送配電網強化計画	25.00	2011-03-24
	タンザニア	ザンジバル地域配電網強化計画	30.00	2011-03-29
	タンザニア	ルスモ国際橋及び国境手続円滑化施設整備計画	18.60	2011-08-29
	タンザニア	ダルエスサラーム市交通機能向上計画(詳細設計)	0.37	2011-08-29
	タンザニア	貧困削減戦略支援無償(地方自治・地方行政)	1.50	2011-12-05
	タンザニア	ダルエスサラーム市交通機能向上計画	11.08	2013-01-25
	タンザニア	タザラ交差点改善計画(詳細設計)	0.64	2013-01-25
	タンザニア	貧困農民支援	3.80	2013-01-25
	タンザニア	タボラ州水供給計画(詳細設計)	0.76	2013-03-28
62	タンザニア	タザラ交差点改善計画	31.27	2013-06-18
	タンザニア	タボラ州水供給計画	17.92	2013-11-11
	タンザニア	第二次ダルエスサラーム市交通機能向上計画	1.04	2013-11-11
	タンザニア	ダルエスサラーム送配電網強化計画(詳細設計)	0.32	2014-01-17
	タンザニア	ザンジバル・マリンディ港魚市場改修計画	9.35	2014-03-11
	タンザニア	貧困農民支援	3.80	2014-03-31
	タンザニア	第二次タザラ交差点改善計画	3.46	2014-07-24
	タンザニア	ダルエスサラーム送配電網強化計画	44.10	2014-07-24
	タンザニア	第三次タザラ交差点改善計画	17.22	2015-03-13

掲載ページ	国名	案件名	金額(億円)	G/A署名日
	タンザニア	第二次ザンジバル・マリンディ港魚市場改修計画	0.68	2017-01-05
	タンザニア	第二次ニューバガモヨ道路拡幅計画(詳細設計)	0.69	2017-09-01
	タンザニア	第二次ニューバガモヨ道路拡幅計画	37.82	2018-02-28
	チャド	食糧援助	3.40	2009-07-23
	トーゴ	サバネス、カラ及びマリタイム地域におけるコミュニティ参加を通じた子供のための環境整備計画	4.58	2009-02-10
	トーゴ	食糧援助	6.90	2009-04-07
63	トーゴ	マリタイム及びサバネス地域村落給水計画	8.99	2012-02-17
	トーゴ	カラ橋及びクモング橋建設計画(詳細設計)	0.62	2015-03-27
	トーゴ	カラ橋及びクモング橋建設計画	31.25	2015-07-07
	トーゴ	ロメ漁港整備計画	27.94	2016-04-13
	ナイジェリア	小児感染症予防計画	8.23	2009-08-18
	ナイジェリア	バウチ州及びカツィナ州地方給水機材整備計画	5.05	2010-03-12
	ナイジェリア	第二次小学校建設計画	11.32	2010-06-28
	ナイジェリア	小児感染症予防計画	8.81	2010-12-10
	ナイジェリア	ジェバ水力発電所緊急改修計画	19.90	2011-05-17
	ナイジェリア	地方給水改善計画	11.63	2012-02-23
	ナイジェリア	小児感染症予防計画	6.00	2012-03-26
	ナイジェリア	太陽光を活用したクリーンエネルギー導入計画	9.80	2012-09-25
	ナイジェリア	小児感染症予防計画	2.59	2013-03-14
	ナイジェリア	オヨ州小学校建設計画	12.77	2014-09-30
64	ナイジェリア	アブジャ電力供給施設緊急改修計画	13.17	2016-02-11
	ニジェール	マラリア対策支援計画	4.10	2009-02-17
	ニジェール	ティラベリ州ギニアウォーム撲滅対策飲料水供給計画(詳細設計)	0.59	2009-02-17
	ニジェール	貧困農民支援	4.90	2009-04-09
	ニジェール	緊急給水計画	4.00	2009-04-09
	ニジェール	食糧援助	8.20	2009-04-09
	ニジェール	ティラベリ州ギニアウォーム撲滅対策飲料水供給計画	7.30	2009-06-11
	ニジェール	食糧援助	5.70	2010-02-04
	ニジェール	中学校教室建設計画	12.23	2013-11-19
	ニジェール	貧困農民支援	3.80	2013-11-19
	ニジェール	コミュニティ及び州における治安維持能力強化計画	2.02	2014-12-16
	ブルキナファソ	中央プラトー及び南部中央地方飲料水供給計画(詳細設計)	0.67	2009-02-17
	ブルキナファソ	第四次小学校建設計画	9.98	2009-04-02
	ブルキナファソ	食糧援助	8.00	2009-04-02
	ブルキナファソ	中央プラトー及び南部中央地方飲料水供給計画	14.59	2009-06-26
	ブルキナファソ	サヘル地方初等教員養成校建設計画	8.36	2009-07-13
	ブルキナファソ	ブルキナファソ柔道連盟柔道器材整備計画	0.62	2010-03-30
	ブルキナファソ	食糧援助	9.40	2010-03-30
	ブルキナファソ	国立水森林学校教育研修能力強化計画	6.55	2010-12-02
	ブルキナファソ	保健社会向上センター建設計画	14.01	2012-04-27
	ブルキナファソ	第五次小学校建設計画	11.38	2012-07-06
	ブルキナファソ	第二次中央プラトー及び南部中央地方飲料水供給計画(詳細設計)	0.47	2012-12-27
	ブルキナファソ	貧困農民支援	3.70	2012-12-27
	ブルキナファソ	ブルキナファソ国営放送局番組ソフト整備計画	0.35	2013-09-05
65	ブルキナファソ	第二次中央プラトー及び南部中央地方飲料水供給計画	9.68	2013-11-13
	ブルキナファソ	カヤ初等教員養成校建設計画	16.71	2014-08-21
	ブルキナファソ	中学校校舎建設計画	11.51	2015-08-25
	ブルキナファソ	第二次中学校校舎建設計画	15.61	2017-05-11
	ブルキナファソ	ワガドゥグ東南部タンソババイパス道路改善計画	58.01	2017-08-18
	ブルンジ	ブジュンブラ市内医療設備整備計画	2.30	2009-02-20
	ブルンジ	公共輸送改善計画	11.04	2009-09-07
	ブルンジ	食糧援助	4.50	2009-11-24
	ブルンジ	太陽光を活用したクリーンエネルギー導入計画	5.40	2010-01-18

掲載ページ	国名	案件名	金額(億円)	G/A署名日
	ブルンジ	小児感染症予防計画	1.24	2010-01-18
	ブルンジ	ブジュンブラ市内交通網整備計画	27.00	2010-06-07
	ブルンジ	貧困農民支援	1.50	2012-03-02
	ブルンジ	ブジュンブラ港改修計画	28.00	2014-05-23
	ブルンジ	ブルンジ4県における母子保健サービス強化計画	3.83	2018-10-02
	ベナン	第六次村落給水計画(詳細設計)	0.60	2009-03-13
	ベナン	食糧援助	6.70	2009-03-13
	ベナン	第六次村落給水計画	9.81	2009-07-07
	ベナン	食糧援助	7.20	2010-03-16
	ベナン	村落環境整備計画	4.06	2011-01-21
	ベナン	国営ラジオ・テレビ局番組ソフト整備計画	0.29	2011-03-29
	ベナン	ジョグー初等教員養成機関能力強化計画	6.77	2011-08-12
	ベナン	貧困農民支援	2.10	2011-08-31
	ベナン	第五次小学校建設計画	12.27	2012-12-07
	ベナン	アトランティック県アラダ病院建設・整備計画	19.00	2015-03-31
	ベナン	グラズエ市及びダッサズメ市における地下水を活用した飲料水供給計画	10.71	2016-03-31
	ベナン	アトランティック県小学校建設計画	14.57	2018-01-26
	ボツワナ	国営テレビ局番組ソフト整備計画	0.44	2013-07-29
	マダガスカル	バッタ対策計画	2.06	2014-04-23
66	マダガスカル	第四次小学校建設計画	8.60	2015-06-24
	マダガスカル	アロチャ湖南西部地域灌漑施設改修計画(詳細設計)	1.06	2016-07-25
	マダガスカル	アロチャ湖南西部地域灌漑施設改修計画	30.48	2017-07-24
	マラウイ	国道一号線南ルクル橋架け替え計画	8.83	2010-02-17
	マラウイ	太陽光を活用したクリーンエネルギー導入計画	6.60	2010-02-17
	マラウイ	ブランタイヤ市道路網整備計画(第二次)	8.99	2010-06-02
	マラウイ	マラウイ警察楽器整備計画	0.35	2010-06-25
	マラウイ	中等学校改善計画	11.98	2010-08-31
	マラウイ	地下水開発計画	4.26	2011-01-26
	マラウイ	カムズ国際空港航空航法システム改修計画	7.78	2011-01-26
	マラウイ	第二次国道一号線南ルクル橋架け替え計画	1.11	2012-03-30
	マラウイ	第二次中等学校改善計画	10.85	2012-03-30
	マラウイ	中西部地方給水計画	5.63	2012-08-30
	マラウイ	リロングウェ中等教員養成校建設計画	13.27	2013-05-31
	マラウイ	第三次ブランタイヤ市道路網整備計画	6.84	2013-12-13
	マラウイ	テザニ水力発電所増設計画(詳細設計)	1.01	2014-03-17
	マラウイ	第三次中等学校改善計画	17.56	2014-03-17
	マラウイ	テザニ水力発電所増設計画	57.72	2015-03-18
68	マラウイ	カムズ国際空港ターミナルビル拡張計画	36.75	2015-11-04
	マラウイ	マラウイ放送協会テレビ放送機材及び番組ソフト整備計画	0.71	2017-02-17
	マラウイ	ドマシ教員養成大学拡張計画	19.47	2017-06-28
	マラウイ	リロングウェ市無収水削減用機材整備計画	3.62	2018-03-14
	マリ	予防接種体制整備計画	1.46	2009-02-06
	マリ	第二次マリーセネガル南回廊道路橋梁建設計画(詳細設計)	0.15	2009-02-06
	マリ	カティ市教員養成学校建設計画	6.87	2009-03-19
	マリ	食糧援助	8.40	2009-04-23
	マリ	第二次マリーセネガル南回廊道路橋梁建設計画	6.55	2009-05-22
69	マリ	第三次マリーセネガル南回廊道路橋梁建設計画	15.28	2009-07-07
	マリ	食糧援助	8.60	2010-03-22
	マリ	バマコ中央魚市場建設計画	10.27	2010-06-23
	マリ	第四次小学校建設計画	10.11	2011-08-24
	マリ	バマコ国立警察学校運営能力強化支援計画	4.92	2015-03-03
	モーリシャス	気象レーダーシステム整備計画	11.50	2013-06-10
	モーリシャス	第二次気象レーダーシステム整備計画	1.90	2015-07-30

掲載ページ	国　名	案　件　名	金額(億円)	G/A署名日
	モーリタニア	食糧援助	5.90	2010-03-09
	モーリタニア	ヌアディブ漁港拡張整備計画	11.17	2013-05-26
70	モーリタニア	国立ヌアクショット公衆衛生学校拡張・機材整備計画	11.82	2016-05-09
	モザンビーク	コミュニティ参加を通じた村落環境整備計画	5.85	2009-03-18
	モザンビーク	緊急給水計画	10.00	2009-03-30
	モザンビーク	食糧援助	9.20	2009-03-30
	モザンビーク	中学校建設計画	10.15	2009-10-27
	モザンビーク	食糧援助	9.70	2010-03-26
	モザンビーク	マプト魚市場建設計画	9.18	2012-02-29
	モザンビーク	ナンプラ州中学校改善計画	10.63	2012-08-31
	モザンビーク	イレークアンバ間道路橋梁整備計画(詳細設計)	1.32	2012-12-10
	モザンビーク	ナカラ港緊急改修計画	32.00	2012-12-10
	モザンビーク	ナンプラ州モナポ初等教員養成校建設計画	10.24	2013-04-26
	モザンビーク	イレークアンバ間道路橋梁整備計画	50.41	2013-06-14
	モザンビーク	マプト市医療従事者養成学校建設計画(詳細設計)	0.84	2014-01-16
71	モザンビーク	マプト市医療従事者養成学校建設計画	20.71	2014-06-06
	モザンビーク	ナカラ回廊送変電網強化計画	20.12	2015-04-02
	モザンビーク	ナカラ市医療従事者養成学校建設計画	21.21	2015-10-12
	モザンビーク	カーボデルガード州国道380号橋梁整備計画	34.19	2017-04-28
	モザンビーク	送変電網緊急改修計画	13.90	2017-08-24
	モザンビーク	職業訓練センター改善計画	8.80	2018-08-20
	リベリア	小児感染症予防計画	1.62	2010-02-05
	リベリア	教育施設整備計画	7.72	2010-07-02
	リベリア	小児感染症予防計画	3.04	2011-03-08
	リベリア	モンロビア市電力復旧計画	22.37	2012-12-13
	リベリア	モンロビア首都圏ソマリアドライブ復旧計画(詳細設計)	0.89	2013-03-12
	リベリア	モンロビア首都圏ソマリアドライブ復旧計画	56.89	2013-06-10
73	リベリア	第二次モンロビア首都圏ソマリアドライブ復旧計画	52.20	2017-03-14
	ルワンダ	ルワンダ西部県におけるコミュニティ参加を通じた子供のための環境整備計画	6.70	2009-01-30
	ルワンダ	貧困農民支援	3.00	2009-03-03
	ルワンダ	ルワンダ国営テレビ番組ソフト整備計画	0.46	2010-02-10
	ルワンダ	第二次地方給水計画	14.35	2010-03-26
	ルワンダ	ルスモ国際橋及び国境手続円滑化施設整備計画(詳細設計)	0.40	2011-03-22
	ルワンダ	変電及び配電網整備計画	24.54	2011-03-22
	ルワンダ	貧困農民支援	1.90	2011-03-22
	ルワンダ	ルスモ国際橋及び国境手続円滑化施設整備計画	18.60	2011-09-06
	ルワンダ	ンゴマ郡灌漑開発計画	15.49	2014-09-02
74	ルワンダ	第三次地方給水計画	10.13	2015-03-05
	ルワンダ	第二次変電及び配電網整備計画	22.19	2016-03-08
	ルワンダ	ルワマガナ郡灌漑施設改修計画	20.77	2017-03-31
	ルワンダ	第三次変電及び配電網整備計画	26.35	2018-09-19
	レソト	食糧援助	1.90	2009-07-23
	レソト	太陽光を利用したクリーンエネルギー導入計画	2.97	2011-04-11
	レソト	中等学校建設・施設改善計画	10.69	2011-04-11
	レソト	中等学校整備計画	18.64	2018-10-30
	中央アフリカ	小学校建設計画	11.87	2009-07-10
	中央アフリカ	北部及び南東部における社会生活基盤の再構築計画	9.98	2011-06-28
	南アフリカ共和国	南アフリカ柔道連盟柔道器材整備計画	0.67	2011-03-18
	南スーダン	ジュバ市水供給改善計画	44.02	2012-06-28
	南スーダン	ジュバ河川港拡充計画(詳細設計)	0.75	2012-06-28
	南スーダン	ナイル架橋建設計画(詳細設計)	1.31	2012-06-28
	南スーダン	ジュバ河川港拡充計画	34.54	2013-01-17
70	南スーダン	ナイル架橋建設計画	81.34	2013-01-17

掲載ページ	国　名	案　件　名	金額(億円)	G/A署名日
		北　米　・　中　南　米		
	アルゼンチン	国営放送局番組ソフト及び番組制作機材整備計画	1.67	2010-09-16
76	アンティグア・バーブーダ	バーブーダ島零細漁業施設整備計画	13.28	2009-06-03
77	アンティグア・バーブーダ	水産関連機材整備計画	5.84	2015-07-15
	ウルグアイ	観光スポーツ省柔道器材整備計画	0.29	2009-06-29
	ウルグアイ	太陽光を活用したクリーンエネルギー導入計画	7.30	2009-12-21
	エクアドル	新マカラ国際橋建設計画	8.00	2010-03-17
	エクアドル	ベンハミン・カリオン・エクアドル文化会館国立劇場音響及び照明機材整備計画	0.96	2010-04-05
	エクアドル	公共放送局番組ソフト整備計画	0.37	2013-04-10
	エクアドル	チンボラソ県医療施設・機材整備計画	10.19	2014-10-06
	エクアドル	第二次チンボラソ県医療施設・機材整備計画	1.66	2015-06-16
	エクアドル	国際ラテンアメリカ情報高等研究センター地上デジタル放送研修機材整備計画	0.86	2015-06-16
	エルサルバドル	広域防災システム整備計画	4.00	2012-11-27
	エルサルバドル	国営教育・文化テレビ局番組ソフト整備計画	0.44	2015-10-07
	ガイアナ	第二次コリバートン給水計画	8.67	2009-01-16
	ガイアナ	東デメララ貯水池修復計画	2.89	2011-03-25
	ガイアナ	第二次東デメララ貯水池修復計画	3.02	2011-09-06
	ガイアナ	再生可能エネルギー導入及び電力システム改善計画	18.48	2018-06-27
	キューバ	国営ラジオ・テレビ協会番組ソフト整備計画	0.32	2012-04-13
	キューバ	ハバナ市歴史事務所文化会館視聴覚機材整備計画	0.75	2015-02-13
	キューバ	主要病院における医療サービス向上のための医療機材整備計画	12.73	2016-09-23
	キューバ	稲種子生産技術向上のための農業機材整備計画	12.15	2017-11-07
	グアテマラ	ラ・デモクラシア国立公園スポーツ器材整備計画	0.34	2009-07-14
	グアテマラ	クリーン・エネルギーによる北部村落生産活動促進計画	10.03	2010-01-26
	グアテマラ	ティカル国立公園文化遺産保存研究センター建設計画	5.48	2010-03-16
	グレナダ	ゴーブ伝統的漁業地域基盤改善計画	11.70	2009-12-22
	グレナダ	水産関連機材整備計画	4.84	2014-09-25
	コスタリカ	国営ラジオ・テレビ局番組ソフト整備計画	0.47	2009-12-16
	コスタリカ	コスタリカ国立劇場視聴覚機材整備計画	0.41	2010-03-29
	コスタリカ	コスタリカ大学日本語学習機材整備計画	0.46	2011-03-28
	コスタリカ	国営ラジオ・テレビ局放送機材整備計画	0.72	2013-03-13
	コロンビア	コミュニティ・先住民ラジオ放送局番組制作機材整備計画	0.67	2011-11-29
	ジャマイカ	西インド諸島大学日本語学習機材整備計画	0.27	2011-03-14
	ジャマイカ	ジャマイカ研究所展示・視聴覚機材整備計画	0.58	2015-09-30
	ジャマイカ	緊急通信体制改善計画	13.99	2017-04-06
	セントクリストファー・ネーヴィス	チャールズタウン水産センター建設計画	9.32	2012-04-27
	セントクリストファー・ネーヴィス	水産関連機材整備計画	1.84	2015-07-13
	セントビンセント	水産関連機材整備計画	4.86	2014-09-02
	セントルシア	水産関連機材整備計画	5.60	2014-09-19
	セントルシア	カルデサック流域橋梁架け替え計画	15.30	2017-08-09
	ドミニカ国	ポーツマス水産センター整備計画	7.44	2009-03-25
	ドミニカ国	水産関連機材整備計画	1.66	2015-07-17
	ニカラグア	食糧援助	5.00	2009-02-24
	ニカラグア	道路維持管理能力強化計画	6.55	2009-07-28
	ニカラグア	ニカラグア柔道連盟柔道器材整備計画	0.58	2009-07-28
	ニカラグア	サンタフェ橋建設計画(詳細設計)	0.76	2009-12-21

掲載ページ	国名	案件名	金額(億円)	G/A署名日
	ニカラグア	国立ルベン・ダリオ劇場照明機材及び楽器整備計画	0.86	2010-03-09
78	ニカラグア	サンタフェ橋建設計画	27.53	2010-05-26
	ニカラグア	マナグア-エルラマ間橋梁架け替え計画(詳細設計)	0.62	2010-12-16
	ニカラグア	マナグアーエルラマ間橋梁架け替え計画	18.78	2011-06-20
	ニカラグア	パソ・レアル橋建設計画	15.21	2014-09-22
	ニカラグア	マドリス県及びヌエバ・セゴビア県教育施設整備計画	12.67	2015-06-18
	ニカラグア	セラヤセントラル保健管区二次機能病院建設計画	26.55	2016-04-28
	ハイチ	予防接種強化計画	2.06	2009-02-11
	ハイチ	食糧援助	6.30	2009-11-30
	ハイチ	予防接種強化計画	1.83	2010-02-22
	ハイチ	レオガン市復興のための市街地道路整備計画	10.48	2010-11-24
	ハイチ	貧困農民支援	3.70	2011-12-20
79	ハイチ	南東県ジャクメル病院整備計画	20.27	2012-10-04
	ハイチ	レオガン市復興のための給水システム復旧整備計画	6.69	2014-03-06
	ハイチ	中央県におけるコレラ対策強化計画	2.57	2014-03-11
	ハイチ	貧困農民支援	3.00	2014-05-07
	ハイチ	クロワ・デ・ミッション橋梁及び新線橋梁架け替え計画(詳細設計)	0.87	2015-02-13
	ハイチ	クロワ・デ・ミッション橋梁及び新線橋梁架け替え計画	36.72	2015-09-02
	ハイチ	中央県及びアルティボニット県小中学校建設計画	20.46	2017-05-16
	パナマ	パナマ大学日本語学習機材整備計画	0.28	2010-03-15
	パラグアイ	貧困農村地域地下飲料水開発計画	8.64	2009-01-20
	パラグアイ	貧困農民支援	1.30	2011-07-07
	パラグアイ	コンセプシオン市及びピラール市給水システム改善計画	14.89	2011-08-30
	パラグアイ	パラグアイテレビ番組ソフト整備計画	0.57	2014-07-16
80	パラグアイ	コロネル・オビエド市給水システム改善計画	18.27	2014-09-22
	パラグアイ	スポーツ庁訓練センター器材整備計画	0.99	2016-06-23
	ベネズエラ	国立青少年交響楽団基金楽器及び視聴覚機材整備計画	0.63	2010-01-08
	ベリーズ	太陽光を活用したクリーンエネルギー導入計画	5.10	2009-12-14
	ペルー	国立障害者リハビリテーション・センター建設計画(詳細設計)	0.90	2009-08-31
	ペルー	体育庁柔道器材整備計画	0.45	2009-12-10
81	ペルー	国立障害者リハビリテーション・センター建設計画	19.25	2010-02-05
	ペルー	新マカラ国際橋建設計画	8.00	2010-04-19
	ペルー	国立ラ・モリーナ農業大学研究機材整備計画	0.70	2010-04-30
	ペルー	広域防災システム整備計画	7.00	2014-02-25
	ペルー	イカ州博物館展示・保存機材整備計画	0.50	2014-02-27
	ペルー	地上デジタル放送人材育成機材整備計画	1.06	2015-06-05
	ペルー	パチャカマック博物館遺跡保全機材及び教育機材整備計画	1.49	2017-03-24
	ボリビア	食糧援助	4.50	2009-01-29
	ボリビア	コチャバンバ市南東部上水道施設改善計画(詳細設計)	0.38	2009-02-05
	ボリビア	ポトシ市リオ・サンファン系上水道施設整備計画(詳細設計)	0.38	2009-02-05
	ボリビア	国立マン・セスペ音楽アカデミー校舎建設計画	3.99	2009-02-05
	ボリビア	コチャバンバ市南東部上水道施設改善計画	12.15	2009-05-28
82	ボリビア	ポトシ市リオ・サンファン系上水道施設整備計画	13.16	2009-10-21
	ボリビア	太陽光を活用したクリーンエネルギー導入計画	4.40	2010-08-31
	ボリビア	貧困農民支援	3.20	2010-12-03
	ボリビア	ベニ県及びパンド県村落地域飲料水供給計画	5.66	2012-10-11

掲載ページ	国名	案件名	金額(億円)	G/A署名日
	ボリビア	国道7号線道路防災対策計画(詳細設計)	0.50	2015-09-10
	ボリビア	国道7号線道路防災対策計画	16.98	2018-07-19
	ボリビア	オキナワ道路整備計画	42.49	2018-09-28
	ホンジュラス	首都圏地滑り防止計画(詳細設計)	0.45	2011-02-09
83	ホンジュラス	首都圏地滑り防止計画	10.53	2011-06-16
	ホンジュラス	テグシガルパ市内給水施設小水力発電導入計画	9.52	2013-03-18
	ホンジュラス	デモクラシア橋補修計画	5.62	2013-03-18
	ホンジュラス	レンピラ県及びエルパライソ県母子保健医療サービス整備計画	6.24	2014-04-21
	ホンジュラス	ホンジュラス国営ラジオ・テレビ局番組ソフト整備計画	0.42	2016-02-22
	ホンジュラス	保健サーベイランス国立研究所建設計画	8.18	2016-10-10
	ホンジュラス	コマヤグア市給水システム改善・拡張計画	17.28	2017-06-20
	ホンジュラス	国道六号線地すべり防止計画	9.58	2017-09-13
		大洋州		
	キリバス	ベシオ港拡張計画(詳細設計)	0.52	2010-11-09
86	キリバス	ベシオ港拡張計画	30.52	2011-06-29
	キリバス	ニッポン・コーズウェイ改修計画	38.05	2016-07-26
	サモア	気象観測・災害対策向上計画	7.45	2010-03-25
	サモア	貧困削減戦略支援無償(教育)	1.00	2012-03-23
	サモア	都市水道改善計画	18.31	2014-02-24
	サモア	アピア港安全向上計画	34.77	2015-06-22
	サモア	太平洋気候変動センター建設計画	9.62	2017-02-17
	サモア	ヴァイシガノ橋架け替え計画	18.06	2017-07-27
	ソロモン	ギゾ病院再建計画(詳細設計)	0.72	2009-02-02
	ソロモン	ホニアラ市及びアウキ市給水設備改善計画	20.90	2009-06-17
	ソロモン	ギゾ病院再建計画	19.00	2009-06-17
	ソロモン	アウキ市場及び桟橋建設計画	9.62	2010-03-15
	ソロモン	防災ラジオ放送網改善計画	5.04	2011-03-24
	ソロモン	ホニアラ港施設改善計画(詳細設計)	0.52	2014-01-17
85	ソロモン	ホニアラ港施設改善計画	26.81	2014-05-20
	ソロモン	ククム幹線道路改善計画(詳細設計)	0.89	2014-12-18
	ソロモン	ククム幹線道路改善計画	31.88	2015-05-26
	ソロモン	ホニアラ国際空港整備計画	43.64	2018-06-15
	ツバル	中波ラジオ放送網防災整備計画	8.01	2010-06-16
	ツバル	モトフォウア高等教育施設整備計画	6.92	2011-08-24
	ツバル	貨物旅客兼用船建造計画	15.44	2013-09-17
	トンガ	バイオラ病院改善整備計画(第二次)(詳細設計)	0.76	2009-12-09
	トンガ	太陽光を活用したクリーンエネルギー導入計画	5.90	2010-03-12
	トンガ	バイオラ病院改善整備計画(第二次)	19.22	2010-05-11
	トンガ	マイクログリッドシステム導入計画	15.73	2013-03-21
88	トンガ	国内輸送船用埠頭改善計画	33.20	2015-06-10
	トンガ	風力発電システム整備計画	21.00	2017-05-02
	トンガ	全国早期警報システム導入及び防災通信能力強化計画	28.37	2018-06-21
	バヌアツ	ビラ中央病院改善計画(詳細設計)	0.65	2012-01-24
	バヌアツ	広域防災システム整備計画	3.00	2012-04-23
89	バヌアツ	ビラ中央病院改善計画	13.99	2012-06-13
	パプアニューギニア	道路補修機材整備計画	8.64	2013-02-20
	パプアニューギニア	アロタウ市場及び水産設備改修計画	11.69	2017-03-27
	パプアニューギニア	ブーゲンビル海岸幹線道路橋梁整備計画(詳細設計)	0.50	2009-02-03
	パプアニューギニア	マーカム橋緊急改修計画	9.96	2009-02-03
90	パプアニューギニア	ブーゲンビル海岸幹線道路橋梁整備計画	31.54	2009-06-25
	パプアニューギニア	メディア教育機材整備計画	0.72	2013-02-20
	パプアニューギニア	マダン市場改修計画	10.04	2013-10-29
	パプアニューギニア	ニューブリテン国道橋梁架け替え計画	31.60	2015-01-30
	パラオ	太陽光を活用したクリーンエネルギー導入計画	4.80	2009-12-24
	パラオ	首都圏電力供給能力向上計画	17.29	2012-06-27

掲載ページ	国名	案件名	金額(億円)	G/A署名日
	パラオ	上水道改善計画	18.43	2015-05-28
	パラオ	廃棄物処分場建設計画	13.11	2018-05-28
91	パラオ	パラオ海洋養殖普及センター施設改善計画	6.69	2016-10-12
	フィジー	南太平洋大学情報通信技術センター整備計画	8.57	2009-11-24
	フィジー	広域防災システム整備計画	3.00	2012-04-20
92	フィジー	中波ラジオ放送復旧計画	8.65	2015-08-31
	マーシャル	マジュロ環礁魚市場建設計画	8.25	2009-03-27
	マーシャル	太陽光を活用したクリーンエネルギー導入計画	5.30	2009-12-16
	マーシャル	国内海上輸送改善計画	12.88	2012-06-06
	マーシャル	イバイ島太陽光発電システム整備計画	10.70	2017-11-22
	ミクロネシア	太陽光を活用したクリーンエネルギー導入計画	5.30	2010-02-01
	ミクロネシア	国内海上輸送能力向上計画	11.10	2013-08-27
	ミクロネシア	コスラエ州電力セクター改善計画	11.93	2016-04-01
		欧州		
	アルバニア	救急医療機材改善計画	7.18	2010-02-02
	ウクライナ	グリエル記念国立音楽大学楽器整備計画	0.32	2011-03-11
	コソボ	廃棄物管理向上計画	5.43	2011-03-30
	コソボ	コソボフィルハーモニー交響楽団楽器整備計画	0.58	2012-09-19
	セルビア	乳がん早期発見機材整備計画	6.32	2010-06-30
	ブルガリア	国立美術ギャラリー修復室機材及び視聴覚機材整備計画	0.47	2009-09-08
	ブルガリア	ヴェリコ・タルノヴォ・コンスタンティン・キシモフ音楽・演劇劇場音響機材整備計画	0.51	2011-01-25
	ボスニア・ヘルツェゴビナ	サラエボ交響楽団楽器整備計画	0.44	2010-10-26
	モルドバ	貧困農民支援	1.60	2009-10-22
	モルドバ	太陽光を利用したクリーンエネルギー導入計画	4.17	2011-07-18
	モルドバ	貧困農民支援	1.30	2012-04-17
	モルドバ	バイオマス燃料有効活用計画	11.54	2013-06-26
	モンテネグロ	モンテネグロ国立劇場音響及び視聴覚機材並びに楽器整備計画	0.40	2009-07-16
	モンテネグロ	ポドゴリツァ市上水道システム緊急修復計画	5.96	2010-05-13
		複数国同時		
	複数国同時	メコン森林保護地域の越境生物多様性保全計画	1.74	2010-11-02
	複数国同時	コンゴ盆地における持続可能な熱帯雨林経営と生物多様性保全のための能力強化計画	2.78	2012-01-25
	複数国同時	中央アジア国境連絡事務所設立計画	1.41	2013-10-22
	複数国同時	タジキスタン-アフガニスタン国境地域生活改善計画	11.29	2014-03-19
	複数国同時	バッタ管理対策改善計画	5.96	2015-10-24
	複数国同時	トーゴ-ブルキナファソ間通関システム相互接続計画	1.95	2016-05-10
	複数国同時	第二次タジキスタン-アフガニスタン国境地域生活改善計画	10.33	2017-11-27

カラーグラビアで見る

日本の無償資金協力 (2008~2018)

発行日　2019年3月25日

編集者　金城 利光　朝比奈 悠介

編集協力　独立行政法人 国際協力機構

発行人　末森 満

発行所　株式会社 国際開発ジャーナル社

〒113-0034

東京都文京区湯島2-2-6 フジヤミウラビル

TEL 03-5615-9670

デザイン　廿楽デザイン事務所

ISBN978-4-87539-802-8 C0030 ¥2500E

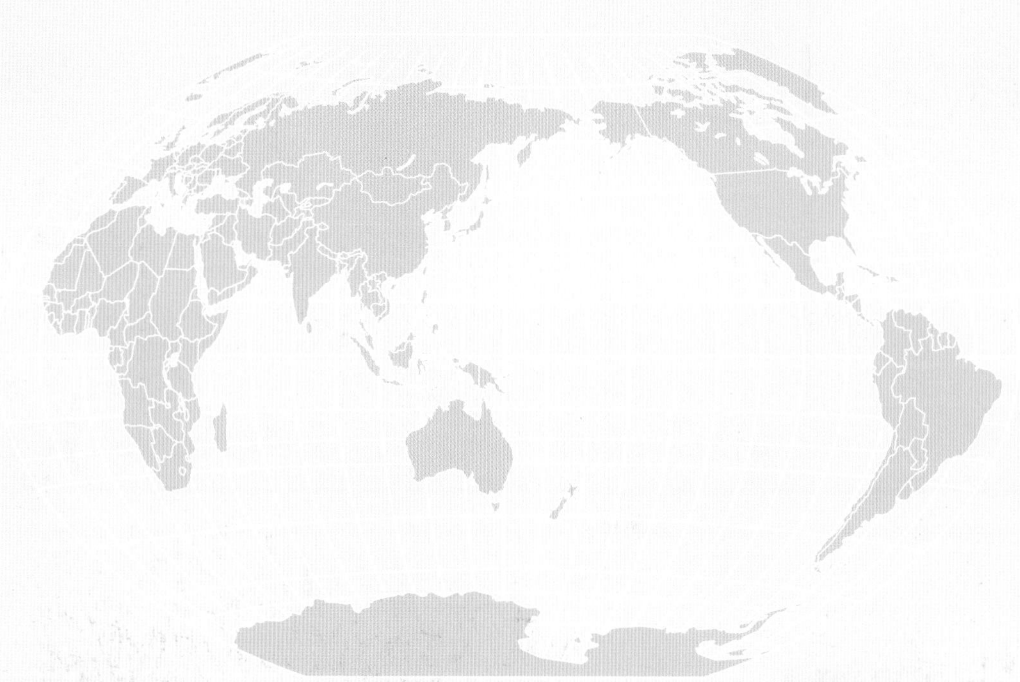

発 行

(株)国際開発ジャーナル社

定価　2,500円+税

ISBN978-4-87539-802-8　C0030　¥2500E